Implorez Dieu de vous aider à

Résoudre vos problèmes, sécuriser votre vie, celle des vôtres également.

Au nom de Jésus Christ,

Par l'Intercession de Marie Notre Dame de Lourdes, la Mère des Miracles, l'aide de Sainte Rita, le rayonnement de Saint Michel Archange et l'active vigilance de nos Saints Anges-Gardiens.

ISBN : 978-2-9593024-1-1

Rufine Sarah Bermond

Implorez Dieu de vous aider à

Résoudre vos problèmes, sécuriser votre vie, celle des vôtres également.

Au nom de Jésus Christ,

Par l'Intercession de Marie Notre Dame de Lourdes, la Mère des Miracles, l'aide de Sainte Rita, le rayonnement de Saint Michel Archange et l'active vigilance de nos Saints Anges-Gardiens.

Chères Lectrices, Chers Lecteurs,

L'acquisition illégale d'objets générant une dette karmique à s'acquitter à un moment inattendu, usez de votre droit de vous assurer que votre livre n'est pas une contrefaçon, mais un original, c'est-à-dire une part qui vous revient en toute transparence. C'est cette part qui vous donne le pouvoir d'agir efficacement tant en l'Esprit que devant les hommes.

Vous méritez ce qui est juste et équitable. Réclamez donc votre original et jouissez-en paisiblement.

Si vous avez un ou des problèmes difficiles à résoudre, priez humblement Dieu Notre Père Bienveillant ! Il ne reste pas indifférent aux cœurs brisés, dès l'instant où ils s'en remettent véritablement à Lui le Tout-Puissant.

Oui, si vous êtes dépassé par une ou des situations qui vous perturbent profondément, vous désolent de trop,

Sachez qu'il est possible que vous transformiez cela en opportunité d'agir mieux et générer une suite réjouissante.

Personnellement, j'ai remarqué que chaque fois que je priais Dieu Notre Père et ses Forces Bienveillantes avec respect et insistance, tout en agissant de mon mieux, mon problème s'arrange en douceur. Et il m'arrive fréquemment de ressentir une bénédiction particulière sur moi.

Alors, avec la confiance d'un enfant à son bienveillant père, approchez-vous davantage de Dieu Notre Père. Si vous écoutez ses conseils, Il se plaira à demeurer proche de vous en vous aidant à transformer vos difficultés en réjouissantes opportunités.

Le Seigneur Jésus a dit à ses apôtres de porter les fruits qui demeurent, afin que ce qu'ils allaient demander à Dieu, Dieu le leur donne. Les fruits portés par les apôtres demeurent, en témoigne le nombre de baptisés dans le monde.

Pour augmenter vos chances d'être exaucé, il est bon de demander également aux apôtres d'intercéder pour vous. Ils veulent que les fruits qu'ils ont portés demeurent de génération en génération à travers tous les âges. Ils peuvent donc vous aider, car vous faites partie des baptisés.

Quant à la Sainte Vierge Marie, elle est la Mère des miracles. Voilà pourquoi passer par elle reste incontournable.

Il est aussi utile de passer par Sainte Rita, elle est l'un de nos actifs soutiens. Quant à nos Saints Anges-Gardiens, leurs conseils et leur protection nous sont indispensables. Savoir leur parler est bon pour vous.

Et parce que prier pour les nécessités communes vous dispose à obtenir ce dont vous avez prioritairement besoin, mes ouvrages vous présentent également des prières dans ce sens. En effet, j'ai aussi constaté que prier pour les nécessités communes me faisait souvent sortir de mes préoccupations personnelles d'une façon douce et totalement inattendue.

Commencer par la Prière d'introduction, en page 9

Comment prier à l'aide de cet ouvrage ?

Vous savez que Dieu Notre Père apprécie ce qui Lui est donné de bon cœur. Vous pouvez donc, en fonction de votre endurance :

- Suivre l'organisation ici proposée : prière d'invocation, la neuvaine choisie avec ses prières, poursuivre par les prières pour nos nécessités permanentes, et terminer par les prières de demande d'aide à nos puissants alliés.
- Ou comme un livre ordinaire, (mais tel n'est pas le cas pour les livres de communication avec Dieu) commencer par la première page, tous les jours, lire lentement quelques pages, les unes après les autres.
- Ou ouvrir le livre par providence, et lire tranquillement la prière sur laquelle vous tombez. Ou sélectionner une ou des prières qui vous intéressent, et les faire quotidiennement, tant que vous en ressentez le besoin.
- La Parole de Dieu Notre Père apportant lumière et bienfaits indispensables, il est essentiel de prendre davantage connaissance des Textes Sacrés, et ainsi baigner dans l'Énergie Divine.
- Les actions de louange et d'adoration permettant d'élever la prière au meilleur niveau, n'hésitez pas de lire les psaumes de louange à Dieu pour ses bienfaits. Alors Lui, dont les bras débordent de dons, vous comblera pour manifester ses bienfaits.

Dans tous les cas, vous tenez-là un livre à utiliser pour vous disposer à résoudre vos problèmes, assurer votre sécurité et celle des vôtres.

Alors, bonnes séances !

Prière d'Invocation à Dieu Tout-Puissant, quand on est dépassé

Pour cela, prendre soin de Lui parler avec franchise et reconnaissance, adoration, animé du réel souhait d'agir au mieux parce qu'Il veut vous voir Lui ressembler.

Parce que le Seigneur est Mon Dieu Bien-Aimé, Bienveillant Miséricordieux, Je souhaite qu'Il tienne compte de ma prière, et m'exauce. Amen.

En l'Honneur et pour la Gloire de la Sainte Trinité !

Par le Rayonnement de Saint Michel Archange, l'intercession de la Sainte Vierge Marie la Mère des miracles, l'aide de Sainte Rita, le soutien des Apôtres, l'appui des Sts et des Stes, les dons du Saint-Esprit, au nom de Jésus Christ[1] ! Me voici !

Ô Éternel ! SEIGNEUR Souverain des univers ! Dieu Tout-Puissant ! Dieu Saint ! Dieu Fort ! Dieu Immortel ! Père-Créateur de toute chose ! Dieu d'Abraham ! Dieu d'Isaac ! Dieu d'Israël ! Dieu que Moïse et Aaron ont servi dans le désert ! Dieu qui a parlé par les prophètes ! Tu es Merveilleux ! A toi, davantage respect, amour, fidélité, louange et gloire ! Amen !

---

1 Joindre vos mains paume contre paume en inclinant bien la tête, également à la fin du signe de croix et au moment de marquer la pause.

Dieu que nous a révélé le Seigneur Jésus Christ comme nulle personne auparavant ! Tu es Merveilleux ! A toi, davantage respect, amour, fidélité, louange et gloire de génération en génération à travers tous les âge ! C'est très bien ainsi. Amen !

Je te remercie pour la nuit passée. Je te remercie pour ce nouveau jour. Je te remercie pour tes bienfaits. Ils sont innombrables et variés. Merci SEIGNEUR ! Loué et respecté sois-tu davantage ô Mon Dieu. Amen.

Ô toi qui commandes la matière, quel que soit son état, elle prend vie ! Qui est comme toi, Mon Dieu ! Tu es Merveilleux ! Amen.

Ô toi qui commandes les éléments, même les plus farouches, ils t'écoutent et t'obéissent ! Qui est comme toi, Éternel Mon Dieu ! Tu es Merveilleux ! Amen.

Ô toi qui apportes Ta Lumière, et créés la vie là où il n'y avait que les ténèbres, et tout s'anime ! Qui est comme toi, Mon Dieu ! Tu es Merveilleux ! Amen.

Alors oui loué ! Loué et respecté sois-tu davantage ! Davantage, bénis soient ta Parole, ta Force, ta Puissance, ton Pouvoir ! Davantage, bénis soient tes Œuvres, tes Projets, tes fidèles serviteurs et servantes ! Grande Paix dans ton Empire, notamment à quiconque t'aime, te craint, t'adore et te respecte en vérité ! C'est très bien ainsi. Amen.

Humblement, je t'invoque et me relie volontairement à toi avec la confiance d'une créature désemparée à son Bienveillant Créateur, dans la position d'un enfant en difficulté à son Bon Père. -Pause-

Me voici ! Mon Père-Créateur, me voici ! Je me mets humblement à genoux pour toi ô SEIGNEUR Dieu des univers, non par contrainte, mais par respect, non par peur, mais par amour, non pour pénitence, mais par reconnaissance, et pour te vénérer ô Mon Dieu ! Amen.

Par ce geste ô Saint Père Céleste, humblement, je te manifeste mon respect, ma crainte, mon amour, ma reconnaissance. Par ce geste ô SEIGNEUR des Seigneurs, humblement, j'invoque et j'accueille ton Pouvoir de nous libérer et nous protéger de toute emprise malsaine, malveillante, déroutante, affligeante. Amen.

Par ce geste ô Éternel ! Mon Dieu, Mon Père-Créateur, humblement, j'invoque et j'accueille ta Force de nous sanctifier et nous relever, afin de nous aider à intégrer le rang des personnages dont tu es fier, en fertilisant nos bons efforts, et en neutralisant nos mauvais actes pour les changer en réjouissantes opportunités de mieux nous comporter. Amen ! Tous les jours davantage respect, amour, fidélité, louange et gloire à toi ô Saint des Saints ! Amen ! (S'incliner délicatement)

Car c'est véritablement à travers la protection et l'aide que tu accordes aux personnes se tournant vers toi avec respect, crainte, amour et bonnes intentions, que tu alimentes davantage en nous le désir d'entretenir avec passion le Saint Lien avec toi, quelle que soit la situation. Et c'est très bien ainsi. Saint Père Céleste, merci. En toute circonstance, davantage respect, amour, fidélité, louange et gloire à toi et à la Sainte Trinité ! Amen.

« *Mon âme, bénis l'Éternel ! Et n'oublie aucun de ses bienfaits !* » (Ps. 103.2)

Amen. Amen. Amen.

Marquer une pause. Puis poursuivre par la neuvaine choisie.

1ère NEUVAINE

Je lève les yeux vers le ciel ! D'où le secours nous viendra-t-il ? Le secours nous vient de Dieu le SEIGNEUR Souverain des univers ! Notre Père-Créateur qui a fait le ciel et la terre !

Qu'il empêche ton pied de glisser, qu'il ne dorme pas, ton gardien.

Non, il ne dort pas, ne sommeille pas, le Gardien d'Israël, notre Gardien.

Dieu le SEIGNEUR, notre Gardien, Dieu le SEIGNEUR, notre Ombrage, se tient près de nous.

Le soleil, pendant le jour, ne pourra nous frapper, ni la lune, durant la nuit. Dieu le SEIGNEUR nous préserve de tout mal, Il nous garde en vie ! Dieu le SEIGNEUR nous garde, au départ et au retour, maintenant et à chaque fois.

Alléluia ! Amen ! Amen !

(Tirée du Ps. 120 – traduction AELF)

1er et 2ème jours de votre 1ère neuvaine : Prier pour une cause juste favorise le dégagement de votre chemin

Lamentation à Dieu Tout-Puissant pour les grâces dont on a besoin

Pour cela, prendre la bonne attitude de L'implorer sincèrement avec respect
et réel souhait d'agir au mieux pour rester proche de Dieu
Lui présenter votre lamentation.

Ô Mon Seigneur ! Je souhaite que ta Miséricorde agisse toujours pour nous comme notre espoir alimente en nous la foi en toi[2]. Merci Seigneur.

Ô Éternel ! Dieu Tout-Puissant ! Merveilleux Saint Père-Créateur de toute chose ! Dieu d'Abraham, Dieu d'Isaac, Dieu d'Israël ! Mon Dieu !

Loué et respecté sois-tu davantage de génération en génération à travers tous les âges ! Car ce que tu fais est parfait, ce que tu dis est très important. Mais le mal y introduit les vices. Nous devons les combattre sans relâche avec ton aide pour les neutraliser, nous en préserver. Amen.

Au nom du Seigneur Jésus Christ, humblement, me voici ! Je me tourne vers toi car tu es Bon, tu es Juste. Et j'ose demander, ô Dieu Bon ! Juste ! Dieu des Merveilles !

---

2 Inspiré du Psaume 32.22

Pourquoi laisser morfondre les personnes qui t'aiment, te respectent et font de leur mieux pour respecter ta Volonté ? Pourquoi les laisser parfois souffrir davantage que les gens qui t'ignorent, ne te respectent pas ! Pourquoi des personnes qui te vénèrent, allant parfois jusqu'à consacrer tout ou partie de leur vie aux œuvres qui honorent ton saint nom et celui de ton Bien-Aimé Saint Fils, Jésus Christ, manquent de ce dont elles ont besoin ou n'arrivent pas à réaliser leurs bons projets alors que tu es la Source des grâces ? Les tourments assaillent certaines d'entre-nous comme si tu nous avais abandonnées, pourquoi donc ô Éternel Mon Dieu, alors que c'est toi la Source du Bonheur !

On me dirait que tu y as déjà répondu en affirmant :

> « *Car mes pensées ne sont pas vos pensées, et vos voies ne sont pas mes voies. Car autant les cieux sont élevés au-dessus de la terre, autant mes voies sont élevées au-dessus de vos voies et mes pensées au-dessus de vos pensées.* » (C'est dans Isaïe 55.8 à 55.9)

C'est sûr ! Tes façons de procéder sont différentes des nôtres ! Je reconnais que c'est très bien ainsi. Toutefois ô SEIGNEUR ! Dieu Saint Père-Créateur de toute chose !

Je crois qu'il n'est bon ni pour toi ni pour notre espèce, que les personnes qui t'adorent soient confondues parfois jusqu'à être contraintes de courber vainement l'échine ! Non, il n'est pas bon que les personnes qui t'aiment soient sous récurrente pression contrevenant à ta Sainte Vision, malheureuses parfois beaucoup plus que certains de ceux qui se fichent de toi et de ta Sainte Vision !

Cependant, j'avoue ne connaître personne, t'aimant, te respectant et t'écoutant en vérité, manquer de ce dont elle a besoin ou ne pouvoir réaliser ses bons projets, ni sombrer définitivement dans le désespoir. Amen.

Alors, concernant les situations qui me préoccupent, espérant en toi, je fais de mon mieux et je m'en remets à toi ô Éternel ! Mon Dieu ! Tout-Puissant. Amen.

Merveilleux est l'Éternel, Mon Dieu ! Mon Père-Créateur Bienveillant m'accorde l'immense privilège de tenir compte de ma prière et m'exauce quand Il le veut bien. « *Merci SEIGNEUR, dès maintenant et pour toujours !* » Amen.

† Pour le principal, de tout mon cœur, de tout mon esprit, de toute mon âme, je souhaite vivement que Respect, Amour, Fidélité, Louange et Gloire soient davantage fervemment rendus ici, maintenant, toujours et partout au Père, au Fils, et au Saint-Esprit, avec fervente Reconnaissance aux archanges et aux anges, aux saints et aux saintes, fidèles du Père, du Fils, et du Saint-Esprit. C'est très bien ainsi pour l'équilibre universel. Alléluia ! Amen.

Marquer une pause. Puis poursuivre par les Prières de fond pour nos nécessités permanentes, **à partir de la page 92**

3ème et 4ème jours de votre 1ère neuvaine : Prier pour la manifestation du bien favorise la bonne solution.

Supplication au Seigneur Jésus Christ, pour solution des situations désespérantes

Pour cela, prendre la bonne habitude d'affirmer, calmement et posément, notamment quand ça ne va pas et aussi quand ça va :

Ô Jésus Christ Mon Seigneur !

Il est juste et essentiel que tes œuvres témoignent toujours abondamment de ton Amour, de ton Pouvoir et de ta Sainteté ! Amen.

Ô Jésus Christ mon Seigneur ! Merveilleux Puissant Bien-Aimé Saint Fils de Dieu ! Davantage respect, attirance, amour, loyauté, ferveur et gloire à toi pour tout ce que tu as fait et enduré afin de nous repêcher des ténèbres de la damnation éternelle ! Amen.

Tous les jours, ferveur et gloire à toi pour avoir porté les Fruits qui demeurent de génération en génération à travers tous les âges ! Amen.

Pour cela, j'ai foi en toi ô Jésus Mon Seigneur ! Amen.

Oui ! J'ai foi en toi Seigneur Jésus Mon Sauveur-Rédempteur ! Je t'en supplie ! Pardonne-moi pour mon attitude ! S'il te plaît ! Sauve-moi et aide-moi, car c'est toi Mon Berger ! Amen.

Ô toi qui fis don de vue à cet aveugle de naissance, lui offrant ainsi la grâce de voir et contempler la Vérité ;

Ô toi qui redonnas à ce paralysé, dans l'espérance depuis longtemps, l'usage de ses jambes, lui faisant ainsi grâce de suivre la Vérité ;

Ô toi qui délivras cette femme de tous ces démons en elle, la disposant ainsi à servir la Vérité ;

Ô toi qui préservas tes disciples de toute maladie et de tout danger tant que tu étais avec eux, les permettant ainsi de te suivre fidèlement, toi la Vérité ;

Ô toi qui fis tellement de choses étonnantes que « *si on les écrivait en détail, je ne pense pas que le monde même pourrait contenir les livres qu'on écrirait.* », déclara Saint Jean (21.25).

Je sais que lorsque tu vivais dans ce monde, toutes celles et tous ceux qui t'ont prié avec foi, ont été exaucés dans leurs nécessités et même davantage. Et je sais que tu continues d'exaucer les personnes qui te prient avec sincérité et foi en toi. Et je sais aussi, que tu m'as déjà aidé à maintes reprises, parfois sans que je me rende compte que c'est toi.

Raison pour laquelle,  humblement, je t'en supplie ! Je t'en supplie ô Jésus Christ Mon Seigneur !

Que par ta grâce, ma foi en toi m'apaise, me guérisse de mes blessures et de tout mal qui couve en moi, me renforce et me préserve de la déroute, des dangers, de la mort subite avant l'âge avancé, tout en me disposant à mieux te manifester ma reconnaissance, en menant une vie dont tu peux être fier. Merci Seigneur. Amen.

Que par ta grâce, ma confiance en toi me pousse à me surpasser, tout en restant sur le Saint chemin, et en solutionnant les situations qui me préoccupent. Amen.

Oui ! Je souhaite vivement que par ta grâce, les situations qui me préoccupent s'arrangent en douceur me permettant ainsi de poursuivre ma route avec constance, par une foi renouvelée, renforcée. Merci Seigneur Jésus. Amen.

Te souviens-tu Mon Seigneur du nombre de miracles que tu opéras en présence de tes disciples, nourrissant et renforçant par la même occasion leur foi en toi ô Bien-Aimé Puissant Saint Fils de Dieu !

De ton affirmation, je sais qu'est « *Heureux celui qui croit sans avoir vu.* [3]» Mais tu le sais Mon Seigneur ! La question n'est plus là en ce qui me concerne, car je crois en toi et j'ai confiance en toi, c'est pour cela que je suis chrétien/ne et souhaite l'être mieux qu'avant.

Alors comme les personnes qui, avec foi, venaient à toi pour guérir, trouver du réconfort ou bien plus encore, j'ai besoin de ta miraculeuse aide pour solutionner les situations qui me tourmentent. En effet, je sais que si tu le veux, oui, si tu

---

3 Jean 20.29

le veux, ô Seigneur Jésus Christ, tout ce qui me préoccupe s'arrangera en douceur, me permettant ainsi de poursuivre ma route avec constance, ma foi renouvelée, renforcée.

Merci Seigneur Jésus, Mon Sauveur-Rédempteur ! Amen.

Davantage respect, attirance, amour, loyauté, ferveur et gloire à toi ô Mon Seigneur ! Béni est ton Enseignement ! Béni est ton Pouvoir ! Bénies sont tes Œuvres ! tes Projets. De génération en génération à travers tous les âges, que tes Œuvres témoignent abondamment de ton Amour, de ton Pouvoir et de ta Sainteté ! C'est très bien ainsi. Amen.

Et que Respect, Amour, Fidélité, Louange et Gloire soient davantage fervemment manifestés ici, maintenant, toujours et partout au Père, au Fils, et au Saint-Esprit, avec fervente Reconnaissance aux archanges et aux anges, aux saints et aux saintes, fidèles du Père, du Fils, et du Saint-Esprit. C'est très bien ainsi pour l'équilibre universel.

Amen. Amen. Amen.

Marquer une pause. Puis poursuivre par les Prières pour nos nécessités permanentes, à partir de la page 92

5ème et 6ème jours de votre 1ère neuvaine : Prier pour la manifestation du bien peut vous libérer et/ou vous préserver de la malveillance

Manifeste pour renvoi des mauvais coups à son auteur et s'en préserver en douceur

Pour tenir le mal à distance de soi,
régulièrement affirmer ces indispensables nécessités :

J'ai choisi de suivre Jésus Christ pour toujours.
Je rejette tout ce qui ne me viendrait pas de Jésus Christ. Amen. (Bis)

Pour l'épanouissement et la pérennité de la Sainte Vision de Dieu Notre Père ! Béni ! Béni ! Béni est le Seigneur Jésus Christ. A lui davantage respect, attirance, amour, loyauté, ferveur et gloire. Amen.

Je reconnais qu'il nous a repêchés des ténèbres de la damnation éternelle aux prix extrêmes, pour que nous devenions des saints et des saintes à l'image de Dieu Notre Père, à travers une vie lumineuse. Amen.

Je quitte donc les ténèbres et leurs méfaits, pour suivre Jésus Christ mieux qu'autrefois. Amen.

En effet, j'ai volontairement choisi Jésus Christ pour toujours, je le confirme volontiers. Et, volontiers, je confirme rejeter le mal et ses manifestations. Je rejette donc les sortilèges, tous les méfaits. Et, au nom du Père, du Fils, et du Saint-Esprit, par le rayonnement de Saint Michel

Archange, je neutralise et je rends sans effet les mauvais coups dirigés sur nous. Amen. C'est très bien ainsi pour la manifestation de la Sainte Vision de Dieu Notre Père. Amen.

J'affirme que je ne vous dois rien. D'ailleurs, une aide n'est pas un investissement pour soi, mais un service gratuit à rendre ou à recevoir.

Si donc vous m'aviez aidé d'une façon ou d'une autre, si personne ne vous a jamais aidés, vous avez le droit de me réclamer le prix honnête de l'aide que vous m'auriez apportée. Mais vous avez reçu de l'aide. A cause de cela, en m'aidant ou en aidant l'une ou l'un des miens, vous n'aurez fait que rendre partiellement grâce. Amen.

Je ne vous dois donc rien. Et l'aide que vous m'auriez apportée ne vous donne aucun droit sur nous. Amen.

Alors, désormais, par le rayonnement de Saint Michel Archange, tous vos mauvais coups envisagés et/ou opérés contre moi, contre l'une ou l'un des miens, contre ce qui m'appartient ou contre ce que je dois préserver, sont neutralisés et c'est uniquement sur vous-mêmes que vous verrez et ressentirez leurs conséquences. Vous aussi en serez libérés en renonçant d'opérer injustement les mauvais coups : Amen. C'est une condition non négociable car juste et essentielle à la manifestation du Bien. Amen. Amen.

En effet, Dieu dit : « *Le méchant, s'il se détourne de tous les péchés qu'il a commis, s'il observe tous mes décrets, s'il pratique le droit et la justice, c'est certain, il vivra, il ne mourra pas. On ne se souviendra d'aucun des crimes qu'il a commis, il vivra à cause de la justice qu'il a pratiquée. Prendrais-je donc plaisir à la mort du méchant et non pas plutôt à ce qu'il se détourne de sa conduite et qu'il vive ?* » (C'est dans Ezéchiel 18.21 à 18.23)

Vous avez donc une alternative : cesser définitivement de nous nuire et prendre le saint chemin pour échapper à vos méfaits. Autrement vous serez finalement les seuls à récolter les mauvais fruits de vos semailles : Amen. Amen, c'est une condition non négociable car juste et essentielle à la manifestation du Bien. Amen.

† Pour l'épanouissement et la pérennité de la Sainte Vision de Dieu Notre Père, au nom de Jésus Christ, par les mérites des Saintes et des Saints, le rayonnement des Anges et des Archanges, les dons du Saint-Esprit, d'ores et déjà, pour tous vos mauvais coups, le moment venu, de vos yeux et ou de vos oreilles seulement vous constaterez notre paix, prospérité et sainteté sans pouvoir les stopper. Amen. Amen.

Marquer une pause. Puis poursuivre par la page suivante.

Supplication en Action de grâce à Dieu Tout-Puissant pour sortir des tourments

Pour cela, prendre la bonne attitude de L'implorer sincèrement et, avec réel souhait de mieux agir qu'autrefois pour réconforter son cœur, exprimer votre espoir.

« Je suis sûr, je verrai les bontés de Dieu l'Éternel

sur la terre des vivants. » **(Ps. 26.13)** ***Amen.***

En fait, j'en ai tant vues, et j'en verrai encore. Amen.

Ô Éternel ! Saint Père Céleste ! Mon Dieu ! Mon Créateur ! Loué ! Loué et respecté sois-tu de génération en génération à travers tous les âges, car c'est vrai, comme le constata ton bon serviteur Moïse, et beaucoup de tes illustres serviteurs après lui, malgré ma petitesse, moi aussi j'ai la grâce de remarquer ce que remarqua le sage roi Salomon : « *Il n'y a pas de Dieu comme toi ni là-haut dans les cieux, ni en bas sur terre.* » Tu es éternellement Bon, Merveilleux, Miséricordieux et plus encore ! Davantage respect, amour, fidélité, louange et gloire à toi ! Amen.

Ô Éternel ! Mon Dieu ! S'il te plaît ! « *Écoute, SEIGNEUR, je t'appelle ! Pitié ! Réponds-moi* » Je t'en supplie Père !

« *Mon cœur m'a redit ta parole* : " *Cherche ma face.* " » (Ps 26.7 à 26.8) Ma créature, cherche ma face !

Je cherche ta face ô Saint Père Éternel Mon Dieu !

Humblement, je t'en supplie ! Sauve-moi de la nuit des tourments, protège-moi et aide-moi à mieux exprimer ma reconnaissance et mon amour pour toi. Amen.

C'est toi le Tout-Puissant ô Dieu Saint Père-Créateur de toute chose ! Humblement, je m'en remets à toi pour avoir la grâce d'accomplir mon destin sans détour. Merci à toi ô Saint Père Éternellement Bienveillant ! Amen.

Motivé par cet espoir, au nom de Jésus Christ, je te prie que nul n'ait le pouvoir de détourner définitivement de toi les personnes cherchant à venir ou à rester proches de toi. Amen.

Bien au contraire ô Éternel ! Bienveillant Saint Père Céleste, que toute personne se tournant vers toi pour te reconnaître et respecter ta Sainte Vision, réalise ses bonnes résolutions et voit ses bonnes actions fertilisées par ta Grâce. Amen.

Merci SEIGNEUR ! Davantage respect, amour, fidélité, louange et gloire à toi ô Saint Père Éternel ! Amen.

Merveilleux est l'Éternel, Dieu Mon Père-Créateur Bienveillant m'accorde l'immense privilège de tenir compte de ma prière et m'exauce, quand Il le veut bien. Merci SEIGNEUR. Amen.

Mon âme, loue Dieu Notre Saint Père, Souverain des univers. Et n'oublie aucun de ses bienfaits ! (Tiré du Ps. 103.2) Amen.

Et toi, mon esprit, glorifie le Saint-Esprit, rappelle-toi

toujours le Seigneur Jésus Christ, ses Étonnants Signes, son Précieux Enseignement, et son Infini Amour pour nous. Médites-y et tiens compte de tout cela. C'est très bien ainsi. Amen. Amen. Amen.

Marquer une pause. Puis poursuivre par les prières de fond pour nos nécessités permanentes, à partir de la page 92

7ème et 8ème jours de votre 1ère neuvaine : Alimenter la grâce de vous accomplir favorise votre réussite

Lamentation à Dieu le Tout-Puissant Grand-Patron pour encourager et fertiliser la nécessaire réussite

Pour cela, prendre la bonne attitude de L'implorer sincèrement avec respect,
et réel souhait d'agir au mieux pour rester proche de Dieu,
Lui présenter votre lamentation.

Ô Mon Seigneur ! Je souhaite que ta Miséricorde agisse toujours pour nous, comme notre espoir alimente en nous la foi en toi[2]. Merci Seigneur.

Pourquoi ô Mon Dieu, nous délaisses-tu ? (Bis)

- Quel grand patron délaisserait son personnel sans le motiver ?
- Quel grand patron délaisserait son entreprise sans y remettre le bon ordre lorsque cela s'avère nécessaire ?
- Quel grand patron délaisserait la direction de son œuvre s'il veut la voir évoluer dans le sens pouvant lui donner satisfaction ?

Pardonne-moi ô Seigneur Souverain des univers ! Dieu Saint Père Bienveillant ! Pardonne-moi pour mes agaçantes questions, puisque tu y as déjà répondu en affirmant :

« *Car mes pensées ne sont pas vos pensées, et vos voies ne sont pas mes voies. Car autant les cieux sont élevés au-*

dessus de la terre, autant mes voies sont élevées au-dessus de vos voies et mes pensées au-dessus de vos pensées. » (C'est dans Isaïe 55.8 à 55.9)

Je reconnais que c'est très bien ainsi. Toutefois, constatant ce qui se passe ici, je ne peux m'abstenir de t'appeler au secours ô Éternel ! Dieu Tout-Puissant Saint-Père-Céleste et Merveilleux Grand-Patron ! Raison pour laquelle :

Humblement, je te supplie de faire des signes motivants pour encourager la sainteté et la ferveur de la foi en toi et en Jésus Christ. Merci SEIGNEUR ! Amen.

Humblement, je te supplie de neutraliser les dérèglements qui, nonobstant nos efforts, alimentent en nous les comportements indignes de ta Sainte Vision. Merci SEIGNEUR, Mon Père-Créateur ! Amen.

Humblement, je te supplie de limiter tout sabotage de ton Œuvre afin de neutraliser la massive déroute. Merci SEIGNEUR Souverain des univers, Mon Dieu ! A toi davantage respect, amour, fidélité, louange et gloire. Amen.

Tu le sais ! Toute grande œuvre, pour donner satisfaction, doit être entretenue, en sécurité et sous bonne direction.

Raison pour laquelle, je te supplie d'inspirer et guider les décisionnaires des mesures communes et leurs conseillers, protéger et fertiliser leurs bonnes décisions et bons actes, et stériliser les mauvais. Amen.

Merci SEIGNEUR ! Dieu Prévoyant ! A toi davantage respect, amour, fidélité, louange et gloire. C'est très bien ainsi. Amen.

Je souhaite que tu ne sois pas totalement dégoûté de ce monde que tu créas avec Amour. Je souhaite que tu y trouves davantage de sujets de satisfaction, de génération en génération, d'âge en âge ! Amen.

Raison pour laquelle, Je te supplie encore ! S'il te plaît ô Dieu Saint Père Bienveillant !

A toutes les personnes qui font appel à toi avec une intention digne de ta Sainte Vision, ô SEIGNEUR Souverain des univers, daigne faire un signe motivant la sainteté et la ferveur de la foi en toi, la confiance en Jésus Christ. Amen. Merci SEIGNEUR ! Davantage respect, amour, fidélité, louange et gloire à toi ô Dieu des Merveilles ! Amen.

Quant à moi, à travers mes différents rôles et ma mission, je souhaite te servir, t'être utile, moi aussi. C'est là un grand privilège pour moi, et je t'en remercie. Je fais de mon mieux pour en être à la hauteur, et ton aide m'est indispensable pour y arriver. Amen.

Raison pour laquelle, humblement, je te supplie encore de me pardonner, me protéger et m'aider à réussir dans mon travail. Amen.

Merci SEIGNEUR ! Davantage respect, amour, fidélité, louange et gloire à toi ô Dieu Saint Père Bienveillant ! Amen.

Merveilleux est l'Éternel, Mon Dieu ! Mon Père-Créateur Bienveillant m'accorde l'immense privilège de tenir compte de ma prière, et m'exauce quand Il le veut bien. Merci SEIGNEUR. Amen.

Oui ! « *Merci SEIGNEUR, dès maintenant et pour toujours !* »

Amen. Amen. Amen.

Marquer une pause. Puis poursuivre par les prières de fond pour nos nécessités permanentes, à partir de la page 92

2ème NEUVAINE

Je lève les yeux vers le ciel ! D'où le secours nous viendra-t-il ? Le secours nous vient de Dieu le SEIGNEUR Souverain des univers ! Notre Père-Créateur qui a fait le ciel et la terre !

Qu'il empêche ton pied de glisser, qu'il ne dorme pas, ton gardien.

Non, il ne dort pas, ne sommeille pas, le Gardien d'Israël, notre Gardien.

Dieu le SEIGNEUR, notre Gardien, Dieu le SEIGNEUR, notre Ombrage, se tient près de nous.

Le soleil, pendant le jour, ne pourra nous frapper, ni la lune, durant la nuit. Dieu le SEIGNEUR nous préserve de tout mal, Il nous garde en vie ! Dieu le SEIGNEUR nous garde, au départ et au retour, maintenant et à chaque fois.

Alléluia ! Amen ! Amen !

(Tirée du Ps. 120 – traduction AELF)

1er et 2ème jours de votre 2ème neuvaine : Prier pour une cause juste favorise le dégagement de votre chemin

Prière en Action de grâce à Dieu Tout-Puissant pour décupler les signes encourageants en priant pour les causes justes

Pour cela, prendre la bonne attitude de L'implorer sincèrement et, avec respect, solliciter les signes encourageants.

Ô Mon Seigneur ! Je souhaite que ta Miséricorde agisse toujours pour nous comme notre espoir alimente en nous la foi en toi[2]. Merci Seigneur.

Ô Éternel Dieu Tout-Puissant ! Saint Père-Créateur de toute chose ! Dieu d'Abraham, Dieu d'Isaac, Dieu d'Israël ! Mon Dieu ! Loué et respecté sois-tu davantage de génération en génération à travers tous les âges, car ce que tu fais est parfait, ce que tu dis est très important. Mais le mal y introduit les vices. Nous devons les combattre avec ton aide, pour les neutraliser, nous en préserver. Amen.

En tant que chrétien/ne, j'ai à t'implorer de nous aider pour la bonne poursuite de la Mission du Seigneur Jésus Christ. De sorte que pour l'honneur de sa Glorieuse Sainte Passion et, aussi, pour la fertilité du dévouement de nos prédécesseurs dans la foi chrétienne, pour ton saint nom, aucune église ne reste fermée par manque de prêtres. Amen.

Raison pour laquelle, comme tu permis à Séfora, l'épouse de

Moïse, de circoncire urgemment son bébé, éloignant ainsi la menace de mort qui pesait sur ton serviteur Moïse,

humblement, je t'implore d'accorder aux religieuses pouvoir et moyens de tenir fidèlement certaines fonctions, les rôles de prêtre, là où il en faut. Amen.

Et puisque j'ai la grâce de te prier, humblement, je t'implore de m'aider dans mes nécessités matérielles, morales et spirituelles, notamment _____ (préciser vos soucis à résoudre) me permettant ainsi de me concentrer davantage aux causes dépassant ma sphère personnelle. Amen.

Tout cela pour l'heureuse manifestation de ta Sainte Vision ô Saint Père Éternel ! Dieu de Lumière ! Car ta Sainte Vision est parfaite et indispensable à l'harmonie universelle. Davantage respect, amour, fidélité, louange et gloire à toi ô Mon Père-Créateur ! Amen.

Merveilleux est l'Éternel, Mon Dieu ! Mon Père-Créateur Bienveillant m'accorde l'immense privilège de tenir compte de ma prière et m'exauce quand Il le veut bien. Merci SEIGNEUR. Amen.

Mon âme, loue Dieu Notre Saint Père, Souverain des univers. Et n'oublie aucun de ses bienfaits ! (Tiré du Ps. 103.2) Amen.

Marquer une pause. Puis poursuivre par les prières de fond pour nos nécessités permanentes, à partir de la page 92

3ème et 4ème jours de votre 2ème neuvaine : Prier pour la manifestation du bien favorise la résolution de votre problème.

Imploration en Action de grâce à Dieu Tout-Puissant pour la manifestation du bien et la solution des situations désespérantes

Pour cela, prendre la bonne attitude de L'implorer sincèrement et, avec respect et réel souhait d'agir au mieux pour rester proche de Dieu, Lui présenter votre imploration.

Ô Mon Seigneur ! Je souhaite que ta Miséricorde agisse toujours pour nous comme notre espoir alimente en nous la foi en toi[2]. Merci Seigneur.

Ô Éternel ! Bienveillant Saint Père Créateur de toute chose ! Loué et respecté sois-tu davantage de génération en génération à travers tous les âges, car ce que tu fais est parfait, ce que tu dis est très important. Mais le mal y introduit les vices. Nous devons les combattre avec ton aide, pour les neutraliser, nous en préserver. Amen.

Humblement, je t'en supplie ô Saint Père Bienveillant ! Pardonne-moi pour tout ce qui te déçoit de ma part, protège-moi et aide-moi à résoudre les problèmes qui accaparent ma conscience et ma vie. Merci Seigneur. Davantage, respect, amour, fidélité, louange et gloire à toi ô Mon Dieu, tu es Merveilleux ! Amen.

A cause de la désobéissance d'Ève et Adam, toute l'humanité

a été condamnée.

A travers la Sainte Vierge Marie et par Jésus Christ, ton Vaillant Bien-Aimé Saint Fils, tu as rétabli l'humanité dans ta Grâce. Tous les jours, loué et respecté sois-tu ô Saint Père Bienveillant ! Dieu de Miséricorde ! Amen !

Tous les jours bénie soit davantage la Sainte Vierge Marie ! La Mère de Jésus Christ ! Amen ! Tous les jours, davantage respect, attirance, amour, loyauté, ferveur et gloire au Seigneur Jésus Christ, ton Vaillant Bien-Aimé Saint Fils ! Le Sauveur-Rédempteur de l'humanité nous a arrachés des ténèbres de la damnation éternelle aux prix les plus forts.

Nonobstant de tels prix, l'humanité continue de te décevoir et j'en suis désolé. Toutefois, en reconnaissance du dévouement de tous les saints et de toutes les saintes ayant glorifié ton saint nom, considérant le réel souhait de beaucoup d'entre nous de rester fidèlement proches de toi, considérant également l'ignorance et la faiblesse affectant tant de personnes par manque d'éducation spirituelle adéquate,

Humblement, je t'implore de nous pardonner, car tu le sais ! Sans ton aide, nous ne pouvons pas nous abstenir totalement de te décevoir.

S'il te plaît ô Dieu Saint Père Bienveillant ! Ne nous abandonne ni au pouvoir, ni au sort de quiconque s'obstine à s'écarter de toi. Amen.

Raison pour laquelle, je t'implore de nous aider à rétablir assez tôt l'équilibre harmonieux. Et ainsi permettre à chaque personne de disposer de son libre choix, sans être constamment embrouillée. Merci SEIGNEUR. A toi davantage respect, amour, louange et gloire. Amen.

Humblement, je te supplie encore de me pardonner et neutraliser tout malveillant pouvoir qui chercherait à s'en prendre à moi et/ou à mes protégés. Merci SEIGNEUR. Amen. A toi davantage respect, amour, fidélité, louange et gloire. C'est très bien ainsi. Amen.

Merveilleux est l'Éternel, Mon Dieu ! Mon Père-Créateur Bienveillant m'accorde l'immense privilège de tenir compte de ma prière, et m'exauce quand Il le veut bien. Merci SEIGNEUR. Amen.

Mon âme, loue Dieu Notre Saint Père, Souverain des univers. Et n'oublie aucun de ses bienfaits ! (Tiré du Ps. 103.2) Amen.

Et toi, mon esprit, glorifie le Saint-Esprit, rappelle-toi toujours le Seigneur Jésus Christ, ses Étonnants Signes, son Précieux Enseignement, et son Infini Amour pour nous. Médites-y et tiens compte de tout cela. C'est très bien ainsi. Amen. Amen. Amen.

Marquer une pause. Puis poursuivre par les prières de fond pour nos nécessités permanentes, à partir de la page 92

5ème et 6ème jours de votre 2ème neuvaine : Prier pour la manifestation du bien favorise votre libération de l'emprise malveillance

Supplication en Action de grâce à Dieu Tout-Puissant pour les résultats encourageants

Pour cela, prendre la bonne attitude de L'implorer sincèrement et,
avec réel souhait de mieux agir qu'autre fois
pour réconforter son cœur, exprimer votre espoir.

« Je suis sûr, je verrai les bontés de l'Éternel

sur la terre des vivants. » **(Ps. 26.13)**

En fait, j'en ai tant vues, et j'en verrai encore s'Il le veut bien. Amen.

Ô Éternel ! Bienveillant Saint-Père Céleste, Mon Dieu ! Mon Père-Créateur ! Humblement, je t'en supplie : « *Écoute,* S*EIGNEUR* *! Mon Dieu ! Humblement je t'appelle ! Pitié ! Réponds-moi ! Mon cœur m'a redit ta parole : "Cherche ma face."* » (Tiré du Ps 26.7 à 26.8) Ma créature, cherche ma face ! Je cherche ta face ô Éternel Mon Dieu !

Ô Bienveillant Saint Père ! Dieu des Merveilles ! Tu le sais !

J'ai un grand besoin de ton aide pour dénouer ce qui me tourmente et réaliser avec succès ce que j'entreprends dans le bon sens. Merci à toi ô Dieu Mon Père-Créateur.

A toi davantage respect, amour, fidélité, louange et gloire d'âge en âge, de génération en génération. C'est très bien ainsi. Amen.

Te souviens-tu ô SEIGNEUR Souverain des univers, Dieu Bienveillant ! A ce moment-là, ayant appris tout ce que tu avais fait pour délivrer les Hébreux de la tyrannie qu'ils subissaient en Égypte, Jethro ton sage prêtre s'écria *:*

« Il faut remercier le SEIGNEUR, qui vous a délivrés du pouvoir du roi d'Égypte et des Égyptiens. Et il ajouta : *maintenant, je reconnais que le SEIGNEUR est plus grand que tous les autres dieux. Il l'a montré quand les Égyptiens écrasaient les Hébreux. »* (C'est dans Exode 18.10 à 18.11) Amen.

Oui ! SEIGNEUR Souverains des univers ! Il est bon de ne pas nous abandonner notamment lorsque nous nous sentons injustement écrasés, lorsque nous sommes injustement privés de nos droits et, surtout, lorsque nous sommes fortement exposés à ce que tu désapprouves, car toi, rien ne te dépasse ô Dieu Tout-Puissant. Amen.

Je reconnais que nous nous détournons injustement de toi, nous te privons injustement de tes droits sur nous, nous ne t'écoutons pas suffisamment et c'est injuste. A cause de tout cela, nous méritons ce qui nous arrive. Mais j'avoue que souvent, soit parce que nous ne comprenons pas, soit parce que c'est plus fort que nous.

Voilà pourquoi, humblement, je te supplie de ne pas nous abandonner surtout lorsque nous sommes fortement exposés à ce que tu désapprouves, et/ou à nos déroutants ennemis, surtout lorsque leur vision s'oppose à la tienne. Merci SEIGNEUR. Amen.

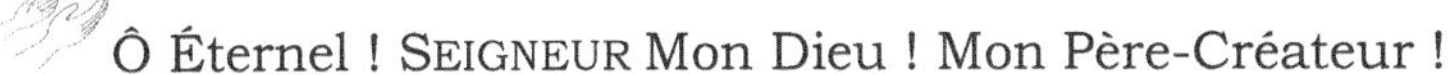

Ô Éternel ! SEIGNEUR Mon Dieu ! Mon Père-Créateur !

Je ne doute absolument pas de toi, autrement, je ne me confierais pas encore et encore à toi. J'ai foi en toi ! J'ai confiance en toi ! Mais je doute à cause de moi-même et de mes faiblesses.

J'ai besoin de ton aide pour sortir de cette situation. J'ai besoin de preuves, non pas pour reconnaître ton Pouvoir, parce que c'est chose déjà faite depuis fort longtemps. Mais j'ai besoin de ton aide pour que nos déroutants adversaires ne prennent pas le dessus sur nous, qu'ils n'aient pas d'excuses à douter de ton Amour pour nous, et encore moins de ton Pouvoir sur eux aussi. Amen.

Ô Éternel Dieu Merveilleux ! Mon Père-Créateur Bienveillant ! Humblement, je t'en supplie ! S'il te plaît ! Ne nous laisse pas couverts de honte face à nos ennemis, ni sombrer dans l'affliction, ô toi le Maître des dénouements extraordinaires. Amen.

Au nom du Seigneur Jésus Christ, je te supplie encore de me pardonner et me délier des problèmes que m'ont provoqués mes ennemis, moi-même, l'une ou l'un des miens ; je te supplie de me protéger et m'accorder moyens et pouvoir d'arranger les situations qui me tourmentent, et la grâce de voir solutionnées celles qui me dépassent. Merci SEIGNEUR. Amen.

Davantage respect, amour, fidélité, louange et gloire à toi ô

Saint Père éternellement Adoré ! Dieu des Merveilles !

Merveilleux est Mon Dieu ! Mon Père-Créateur Bienveillant m'accorde l'immense privilège de tenir compte de ma prière et m'exauce quand Il le veut bien. Merci SEIGNEUR. Amen.

Mon âme, loue Dieu Notre Saint Père, Souverain des univers. Et n'oublie aucun de ses bienfaits ! (Tiré du Ps. 103.2) Amen.

Et toi, mon esprit, glorifie le Saint-Esprit, rappelle-toi toujours le Seigneur Jésus Christ, ses Étonnants Signes, son Précieux Enseignement, et son Infini Amour pour nous. Médites-y et tiens compte de tout cela. C'est très bien ainsi. Amen. Amen. Amen.

Marquer une pause. Puis poursuivre par les prières de fond pour nos nécessités permanentes, à partir de la page 92

7ème et 8ème jours de votre 2ème neuvaine : Attirer la grâce d'un changement réjouissant

Lamentation à Dieu Notre Père contre les faits odieux

Pour cela, prendre la bonne attitude de L'implorer sincèrement et, avec réel souhait de mieux agir qu'autrefois, Lui présenter votre lamentation.

De l'aveu du Seigneur Jésus Christ :
***« Mon Père œuvre ; moi aussi, j'œuvre. »* Amen !**

Ô Éternel ! Miséricordieux Saint-Père Céleste ! Mon Dieu ! Mon Père-Créateur Adoré ! A toi davantage respect, amour, fidélité, louange et gloire de génération en génération à travers tous les âges ! C'est très bien ainsi pour l'équilibre universel, indispensable à notre bonheur. Amen.

Ô SEIGNEUR Souverain des univers ! Dieu Tout-Puissant ! Père des Merveilles ! Jusqu'à quand laisseras-tu ces faits décourager les personnes qui espèrent en toi et font de leur mieux pour être proches de toi !

Jusqu'à quand tolèreras-tu la déshumanisation des gens en produits de consommation de ce qu'il faut éviter.

Ô Saint-Père ! Dieu des Miracles ! Aurais-tu créé les uns comme des moutons à tondre par d'autres ? Mon cœur me dit que non.

C'est pourquoi, je t'implore humblement de ne laisser personne faire des autres ce que tu désapprouves sans, dans les brefs délais, l'aider, à travers une correction adéquate, à comprendre que c'est toi le Maître Universel. Amen.

Le corps a des besoins ô Mon Dieu ! L'esprit a des exigences, le cœur a des désirs, l'âme a des nécessités. Oui, l'être humain a des besoins qu'il le souhaite ou pas. Et, sans précieuse aide, il peut être contraint de faire ce qu'il faut éviter pour les combler.

Ô Dieu des Miracles ! Mon Père-Créateur Adoré ! Tu le sais ! Tu le vois ! Beaucoup de gens sont contraints de faire même ce qu'ils détestent, d'aller avec les individus qu'ils doivent éviter.

Ils se disent : « *pourquoi préserver une vie qui n'est que souffrance et désespoir ?* » Alors cette vie-là, ils l'échangent pour peu d'espoir, même si cet espoir n'est qu'un feu de paille. Et il y a des vampires près à offrir un peu d'espoir et même davantage contre l'innocence, en échange de l'abandon de soi aux excès. Et c'est toi seul qui a le pouvoir de stopper ce commerce indigne de ta Sainte Vision. Amen.

Ô Dieu Tout-Puissant ! Dieu de Lumière ! Dieu des Solutionnes miraculeuses ! Jusqu'à quand laisseras-tu proliférer de tels agissements ? Combien devront tomber avant que tu stoppes l'orgueil de ces flots-là ?

Tu le sais ! Toi seul, ô Dieu Tout-Puissant, peux les stopper !

Raison pour laquelle, très humblement, je t'implore de les stopper sans trop tarder. Car ce monde t'appartient, nous y compris, je te supplie de ne point les laisser faire de nous, ni de notre descendance, ce que tu désapprouves. Amen.

De l'aveu du Seigneur Jésus Christ : *« Mon Père œuvre. Moi aussi j'œuvre »*. Alors j'ai raison d'espérer que tu as un plan déjà actif pour remettre le bon ordre dans tout cela. Et que si tu le veux et lorsque tu le décideras, je pourrai assister à un changement réjouissant, manifestant davantage l'Action du Saint-Esprit, l'Honneur et la Gloire de ton Saint Nom et celui de ton Bien-Aimé Saint Fils, Jésus Christ. Amen.

Non pour ma volonté, mais pour la manifestation de la tienne ô Mon Dieu ! Mon Père-Créateur Adoré, car ce que tu fais est parfait. Alors à toi davantage respect, amour, fidélité, louange et gloire d'âge en âge, de génération en génération ô Dieu des Merveilles. Amen.

Oui ! Merveilleux est l'Éternel, Mon Dieu ! Mon Père-Créateur Bienveillant m'accorde l'immense privilège de tenir compte de ma prière et m'exauce quand Il le veux bien. Merci SEIGNEUR. Amen.

Mon âme, loue Dieu Notre Saint Père, Souverain des univers. Et n'oublie aucun de ses bienfaits ! (Tiré du Ps. 103.2) Amen.

Et toi, mon esprit, ...

Amen. Amen. Amen.

Marquer une pause. Puis poursuivre par les prières de fond pour nos nécessités permanentes, à partir de la page 92

3ÈME NEUVAINE

[4]« 02 Je t'aime, SEIGNEUR Yahvé ma force : SEIGNEUR Yahvé mon roc, ma forteresse, 03 Dieu mon libérateur, le rocher qui m'abrite, mon bouclier, mon fort, mon arme de victoire !

04 Louange à Dieu ! Quand je fais appel à Yahvé le SEIGNEUR, je suis sauvé de tous mes ennemis.

05 Les liens de la mort m'entouraient, le torrent fatal m'épouvantait ; 06 des liens infernaux m'étreignaient : j'étais pris aux pièges de la mort.

07 Dans mon angoisse, j'appelai le SEIGNEUR ; vers Yahvé mon Dieu, je lançai un cri ; de son temple il entend ma voix : mon cri parvient à ses oreilles.

17 Des hauteurs il tend la main pour me saisir, il me retire du gouffre des eaux ; 18 il me délivre d'un puissant ennemi, d'adversaires plus forts que moi. 19 Au jour de ma défaite ils m'attendaient, mais j'avais le SEIGNEUR pour appui.

29 Tu es la lumière de ma lampe, SEIGNEUR mon Dieu, tu éclaires ma nuit. 30 Grâce à toi, je saute le fossé, grâce à mon Dieu, je franchis la muraille. 36 Par ton bouclier tu m'assures la victoire, ta droite me soutient, ta patience m'élève. 37 C'est toi qui allonges ma foulée sans que faiblissent mes chevilles.

---

[4] Psaume 17(18), traduction AELF.

47 Vive Yahvé le SEIGNEUR ! Béni soit mon Rocher ! Il triomphe,
Yahvé le Dieu de ma victoire, 48 ce Dieu qui m'accorde la
revanche, ... !

49 Tu me délivres de tous mes ennemis, tu me fais triompher de l'agresseur, tu m'arraches à la violence de l'homme.

50 Aussi, je te rendrai grâce parmi les peuples, SEIGNEUR Yahvé mon Dieu, je fêterai ton nom.

51 Il donne à son roi de grandes victoires, il se montre fidèle à son messie, à David et sa descendance, pour toujours. »

Alléluia ! Amen !

A Lui davantage respect, amour, fidélité, louange et gloire, ici, maintenant, toujours et partout. C'est très bien ainsi. Amen. Amen. Amen.

1er et 2ème jours de votre 3ème neuvaine : Alimenter la grâce de vous accomplir favorise votre succès

Supplication à Dieu Notre Père, pour réjouissants résultats

Pour cela, prendre la bonne attitude de L'implorer sincèrement et,
avec réel souhait de mieux agir qu'autrefois, Lui présenter votre supplication.

De l'aveu du Seigneur Jésus Christ :

« Mon Père agit ; moi aussi, j'agis. » Amen

Ô Éternel ! Miséricordieux Saint-Père Céleste ! Mon Dieu Merveilleux ! Mon Père Créateur Bienveillant, à toi davantage respect, amour, fidélité, louange et gloire de génération en génération à travers tous les âges ! C'est très bien ainsi pour l'équilibre universel. Amen.

Humblement, je t'en supplie ! Pardonne-nous ! Pardonne-moi.

Je reconnais ton infinie Bonté envers nous. Je reconnais nos manquements, nos ingratitudes envers toi. Oui, j'en suis conscient/e et quand j'y pense j'en suis horrifié. Et encore, je reconnais mes fautes et j'en suis désolé. Je cherche à les éviter, et j'avoue que parfois je n'y peux rien sans ton aide. En fait, beaucoup d'entre-nous souhaitent t'être fidèles, mais c'est difficile à certains moments.

Mais toi ô Miséricordieux Saint-Père des Miracles ! Je t'en supplie !

Qu'il te plaise que tout ce que tu as fait pour nous dans ce monde ne limite pas, à cause de nos manquements et nos ingratitudes, tout ce que tu peux encore pour nous aider à préférer le bon sens. Ainsi le mal ne déterminera ni ta réaction envers nous, ni les signes de notre foi en toi. Merci à toi ô Saint Père éternellement Adoré ! Mon Dieu !

Or tu le sais ô Dieu des Miracles ! Notre réelle foi en toi est que tu peux tout et c'est très bien ainsi. Amen.

Dans cet état de conscience, ô Saint-Père éternellement Adoré ! Mon Dieu Bienveillant ! Humblement je prie en te suppliant que ce que tu m'as laissé réaliser ou aidé à concrétiser ne limite pas, à cause de mes manquements, tout ce que tu peux encore me laisser réaliser et/ou m'aider à accomplir dans le bon sens, pour faire de moi un personnage davantage proche de toi dont tu peux être fier.

Davantage respect, amour, fidélité, louange et gloire à toi ô Saint Père éternellement Adoré ! Dieu des Merveilles !

Oui ! Merveilleux est l'Éternel, Mon Dieu ! Mon Père-Créateur Bienveillant m'accorde l'immense privilège de tenir compte de ma prière et m'exauce quand Il le veux bien. Merci SEIGNEUR. Amen.

Mon âme, loue Dieu Notre Saint Père, Souverain des univers,

et n'oublie aucun de ses bienfaits ! (Tiré du Ps. 103.2) Amen.

Et toi, mon esprit, glorifie le Saint-Esprit, rappelle-toi toujours le Seigneur Jésus Christ, ses Étonnants Signes, son Précieux Enseignement, et son Infini Amour pour nous. Médites-y et tiens compte de tout cela. C'est très bien ainsi. Amen. Amen. Amen.

Marquer une pause. Puis poursuivre par les prières de fond pour nos nécessités permanentes, à partir de la page 92

3ème et 4ème jours de votre 3ème neuvaine : Prier pour votre protection et celle des vôtres est indispensable

Supplication à Jésus Christ
le Bien-Aimé Saint Fils du Père,
pour réjouissants résultats

Pour cela, prendre la bonne attitude de le supplier sincèrement et, avec réel souhait de mieux agir qu'autrefois, lui présenter votre supplication.

De l'aveu du Seigneur Jésus Christ :

« Mon Père agit ; moi aussi, j'agis. » Amen !

Ô Jésus Christ, Sauveur-Rédempteur de l'humanité, Mon Seigneur Adoré !

Béni sois-tu davantage ! Béni est ton Enseignement ! Bénie est ton Énergie ! Bénie est ton Pouvoir ! Bénie est ta Force ! Bénie est ta Sainteté ! Bénis sont tes Œuvres et tes Projets ! Bénie est ton Église ! Bénis sont tes fidèles ! Tous les jours, davantage respect, attirance, amour, loyauté, ferveur et gloire à toi ô Jésus Mon Seigneur ! C'est très bien ainsi pour tous tes bienfaits en notre faveur. Amen.

Humblement, je t'en supplie ! Aie pitié de nous ! Aie pitié de moi.

Je reconnais que tu as abondamment œuvré dans ce monde pour sauver chacun et chacune de nous. Je reconnais ton infini Amour pour chacun et chacune de nous dans ce monde. Amen.

De même, je reconnais nos offenses envers toi. J'en suis alarmé quand j'y réfléchis. Je reconnais mes manquements envers toi. J'en suis affligé chaque fois que j'y médite, et je fais de mon mieux pour éviter de te décevoir. Amen.

Mais toi ô Jésus Christ Mon Seigneur ! Sauveur-Rédempteur de l'humanité ! Puissant Bien-Aimé Saint Fils de Dieu !

Du fait de ta Douloureuse Sainte Passion, humblement, je t'en supplie ! Qu'il te plaise que tout ce que tu as fait pour nous ne limite pas, à cause de nos offenses envers toi, tout ce que tu peux encore faire pour nous aider dans nos nécessités matérielles, morales et spirituelles. Ainsi le mal n'influencera ni ta réaction envers nous, ni les signes de notre confiance en toi. Amen.

Or, notre réelle confiance en toi est que tu es le Christ, le Sauveur-Rédempteur de l'humanité, et que quiconque demeure avec toi ne manquera de rien ô Bon Berger. C'est très bien ainsi. Merci Seigneur Jésus ! Tous les jours davantage respect, attirance, amour, loyauté, ferveur et gloire à toi ô Jésus Christ Mon Seigneur ! Amen.

Dans cet état de conscience,  je te supplie d'avoir pitié de moi et de continuer de me guider, afin que je me rapproche davantage de toi, et demeure fidèlement proche de toi en agissant dans le bon sens avec succès. Amen.

Et encore ô Seigneur Jésus Christ ! Merveilleux Puissant Bien-Aimé Saint Fils de Dieu ! Ô toi qui demandas à Matthieu de te suivre, et il se leva, puis te suivit ! ô toi qui libéras Marie Madeleine de tous les démons en elle, et elle se consacra à toi avec une profondeur indescriptible ! Ô toi qui interpellas Saul sur la route de Damas, et il devint Paul, l'un de tes apôtres piliers ! Ô toi qui rassuras Paul de ne pas se taire, mais de parler ! Ô toi qui fit tellement de choses pouvant changer les cœurs !

Humblement, je te supplie de pardonner, sauver, protéger et guider __ (citer les personnes concernées). Merci Seigneur Jésus ! Davantage respect, attirance, amour, loyauté, ferveur et gloire à toi ô Bon Saint Fils de Dieu !

Pour la Confiance qui règne entre toi, Dieu Notre Père, et le Saint-Esprit, humblement, je souhaite que des résultats réjouissants et bonnes nouvelles viennent nous relever, nous encourager, pour renforcer et dynamiser la sainteté et la foi chrétienne à travers le monde. Amen.

« *Merci Seigneur, dès maintenant et pour toujours !* » (Ps. 113.2)

Amen.

Marquer une pause. Puis poursuivre par les prières de fond pour nos nécessités permanentes, à partir de la page 92

5ème et 6ème jours de votre 3ème neuvaine : Alimenter la grâce de vous accomplir favorise votre succès

Supplication au Saint-Esprit pour réjouissants résultats

Pour cela, prendre la bonne attitude d'implorer sincèrement et,
avec réel souhait de mieux agir qu'autrefois, présenter votre supplication.

De l'aveu du Seigneur Jésus Christ :

« Mon Père œuvre ; moi aussi, j'œuvre. » Amen.

Ô Esprit Saint sans lequel rien de bon ne se ferait dans ce monde, qui est comme toi !

Béni ! Béni ! Béni est ton Pouvoir ! Davantage réclamé, acclamé et respecté sois-tu ô Saint-Esprit des Précieux dons ! Amen.

Je reconnais que tu peux consoler et réparer nos cœurs blessés par les déceptions. Je reconnais que tu peux apaiser et libérer nos consciences accablées par le chagrin. Je reconnais que tu peux guérir et rajeunir nos corps meurtris par les tourments. Je reconnais que tu peux illuminer et guider nos esprits déroutés par l'incompréhension et les influences sombres. Je reconnais que tu peux irriguer nos âmes asséchées par l'insuffisance d'amour entre-nous.

Dans cet état de conscience, ô Saint-Esprit des Précieux dons ! Très humblement, je t'implore de continuer de te manifester davantage dans ce monde, ainsi le mal ne pourra étendre son influence dans cet univers. C'est très bien ainsi pour la Sainte Vision du Père, du Fils, et du Saint-Esprit, indispensable à l'harmonie universelle. Amen.

Dans ce sens, très humblement avec foi, je te prie, en te suppliant, d'envoyer du ciel une énergie de ton Extraordinaire Lumière sur moi pour consoler et réparer mon cœur, apaiser et libérer ma conscience, guérir et rajeunir mon corps, illuminer et guider mon esprit et, aussi, irriguer mon âme, afin que je puisse demeurer fidèlement attaché à la Sainte Trinité. Merci SEIGNEUR ! Davantage respect, amour, reconnaissance, vénération et gloire à toi ô Saint-Esprit des Précieux dons ! Amen.

De même, ô Extraordinaire Saint-Esprit, je te supplie humblement d'accorder notamment à _____ (citer les personnes de votre choix), les grâces dont chacun et chacune a besoin pour mieux mener sa vie tout en restant proche de la Sainte Trinité. Merci SEIGNEUR ! Davantage respect, amour, reconnaissance, vénération et gloire à toi ô Saint-Esprit des Précieux dons ! Tous les jours, davantage réclamé, acclamé et respecté sois-tu. Amen. -Pause-

Pour le principal, de tout mon cœur, de tout mon esprit, de toute mon âme, je souhaite vivement que Respect, Amour, Fidélité, Louange et Gloire soient davantage fervemment rendus ici, maintenant, toujours et partout au Père, au Fils, et au Saint-Esprit, avec fervente Reconnaissance aux archanges et aux anges, aux saints et aux saintes, fidèles du Père, du Fils, et du Saint-Esprit. C'est très bien ainsi pour l'équilibre universel. Amen. Amen. Amen.

Marquer une pause. Puis poursuivre par les prières de fond pour nos nécessités permanentes, à partir de la page 92

Merveilleux est Dieu le SEIGNEUR ! Le Bienveillant !
Il tient compte de ma prière ! Amen.
D'âge en âge, de génération en génération,
Qu'Il soit encore et toujours fervemment adoré,
Car il est Bon, le SEIGNEUR Notre Dieu !

Amen.

7ème et 8ème jours de votre 3ème neuvaine : Alimenter la grâce de vous accomplir favorise votre succès

Supplication à la Vierge Marie la mère du Christ pour réjouissants résultats

Pour cela, prendre la bonne attitude d'implorer sincèrement et, avec réel souhait de mieux agir qu'autrefois, présenter votre supplication.

De l'aveu du Seigneur Jésus Christ :

« Mon Père œuvre, moi aussi, j'œuvre. » Amen !

Ô Sainte Vierge Marie ! Vous qui avez le formidable privilège d'être la Mère de Jésus Christ ! La Mère de Dieu Sauve ! la Mère du Rédempteur ! La Mère de l'Église ! Notre Bienveillante Sainte Mère Céleste ! Pour l'épanouissement et la pérennité de la Sainte Vision de Dieu Notre Père, Bénie et respectée soyez-vous davantage ! Fertiles soient davantage les fruits de vos intercessions ! Amen.

J'ai la grâce de reconnaître que vous avez fait tant de bonnes choses dans ce monde. J'ai la grâce de croire que vous m'avez souvent aidé et protégé avec une infinie discrétion. Et je reconnais mon ingratitude envers vous. Pardonnez-moi ô Bienveillante Sainte Mère et aidez-moi je vous en supplie.

Ô Marie ! Notre Sainte Mère Clémente, je souhaite que tout ce que vous avez fait pour nous, ne limite pas à cause de nos ingratitudes, tout ce que vous pouvez encore faire dans ce monde. Ainsi le mal ne limitera ni le nombre ni la variété de vos fruits dans ce monde. Amen.

Dans ce sens, je prie également que ne soit point limité tout ce que vous pouvez encore faire pour m'aider dans le bon aboutissement de mes prières. Amen.

Ô Sainte Vierge Marie ! Notre Bienveillante Sainte Mère Céleste ! De tout mon cœur, de tout mon esprit, de toute mon âme, je souhaite que la Grâce de Dieu continue de se déverser abondamment sur vous et sur vos œuvres, afin qu'elles continuent de produire d'abondants motivants fruits pour la Gloire de la Sainte Trinité et, aussi, pour votre rayonnement dans l'univers, et pour notre bien. Amen.

Voilà pourquoi je vous supplie encore de regarder ce qui me préoccupe, et m'accorder votre miraculeuse aide. J'ai notamment besoin de votre aide pour ____ (préciser vos souhaits). De même, votre aide nous est indispensable pour solutionner les dérèglements constatés dans le monde. Amen.

Vous voyez ! Nous avons tant besoin de votre miraculeuse aide ô Sainte Vierge Marie ! La Mère des Miracles ! Je vous dis Merci pour tout ce que vous faites pour nous aider à nous en sortir. Amen.

Pour la Sainte Vision de Dieu Notre Père ! Bénie soyez-vous davantage ô Sainte Vierge Marie ! Davantage, fertiles soient vos interventions ô Comblée de grâces ! Amen. Amen. Amen.

Marquer une pause. Puis poursuivre par les prières de fond pour nos nécessités permanentes à partir de la page 92

4ème NEUVAINE : RENFORCEZ VOS PRIÈRES PAR LES PUISSANTS PILIERS DE L'EGLISE

En priant avec persévérance, vous baignerez dans la grâce pour atteindre votre but.

En baignant dans la grâce, vous avancerez à votre rythme en gérant les imprévus, en contournant les obstacles ou en les neutralisant. Alors tenez bon !

De la déclaration du Seigneur Jésus Christ :*« Je vous dis encore ceci : si deux d'entre vous sur la terre se mettent d'accord pour demander quoi que ce soit, ils l'obtiendront de mon Père qui est aux cieux. Car quand deux ou trois sont réunis en mon nom, je suis là, au milieu d'eux. »*

(C'est dans Matthieu 18.19 à 18.20)

Lorsque vous êtes dépassé par les faits, les évènements, les appréhensions, les prières de vos proches peuvent renforcer puissamment les vôtres et déclencher une bonne suite.

C'est pourquoi il est bon de demander à vos proches de prier pour vous. De votre côté, continuez de participer à la Messe notamment les dimanches si vous le pouvez et même en semaine lorsque cela vous est possible. Enfin, n'hésitez pas d'intégrer un groupe de prières du chapelet dans votre paroisse, si vous le pouvez.

En effet Jésus, mais aussi Dieu est au milieu de nous

lorsque nous sommes réunis dans une église pour célébrer le Jour du Seigneur ou pour prier dans la Maison de prières. Ils écoutent les prières de l'Assemblée, et les demandes logées dans les cœurs des participants et participantes.

Alors, surtout lorsque vous avez un cas difficile à résoudre, les dimanches sont pour vous un temps de ressourcement au cœur de l'Assemblée des fidèles venus manifester leur attachement et leur Amour de Dieu Notre Père et ses Merveilleuses Forces.

La bonne habitude de vous préparer et d'y aller est un acte de foi pouvant vous aider au moment inattendu.

Manifeste :

« *Relève-toi et va : ta foi t'a sauvé.* » (C'est dans Luc 7.19) Amen.

Dieu Notre Père Éternel, la Source de tous les bienfaits, m'a déjà accordé, notamment par Jésus Christ, beaucoup de bienfaits. Désormais, je souhaite qu'Il m'aide à Lui manifester plus d'amour, de respect, de reconnaissance et de fidélité à travers les actes et attitudes qui respectent le Saint-Esprit, honorent son saint nom, et celui de Jésus Christ, Mon Sauveur-Rédempteur. Ainsi, ma présence à ses yeux sera comme une jolie fleur, et mon nom à ses oreilles comme un écho mélodieux. Amen.

Marquer une pause. Ensuite, commencer par la Prière d'introduction, page 9 puis poursuivre par la page suivante.

1er au 3ème jour de votre 4ème neuvaine : Avec foi et persévérance priez Saint-Michel Archange

Imploration à l'Archange Saint Michel pour neutraliser les forces malveillantes

Pour cela, prendre la bonne attitude de vous adresser à lui avec humilité,
franchise, animé du réel souhait d'agir mieux qu'autrefois,
pour la gloire des Forces du Bien.

***Je fais humblement appel à l'Infini Puissant Archange Saint Michel.
Je souhaite que ma prière le touche positivement,
afin qu'il lui plaise d'assurer notre défense. Amen.***

« Le mal ne gagnera pas ! » C'est très bien ainsi. Alléluia ! Amen.

Ô Magistral Infini Puissant Archange Saint Michel !

En l'Honneur et pour la Gloire de la Sainte Trinité, humblement, je vous salue avec le respect dû à votre noble rang, ô vous dont le nom signifie qui est comme Dieu !

Vous êtes béni ! Béni soyez-vous davantage ! Admiration ! puissance et triomphe à vous ô Merveilleux Archange ! C'est très bien ainsi. Amen.

Pour vos précieuses interventions dans ce monde, je souhaite que respect, amour, admiration et célébrations vous soient davantage fervemment manifestés ici, toujours et partout où vous intervenez. C'est très bien ainsi pour le rayonnement universel. Amen.

Humblement, je vous prie de me pardonner de vous appeler au secours, ô Merveilleux Protecteur ! Pardonnez-moi qui ne suis pas digne de prononcer votre précieux saint nom.

Mais voilà, je suis une créature de Dieu Notre Saint-Père. Je souhaite voir son règne se manifester davantage dans ce monde qu'Il créa. C'est très bien ainsi pour l'épanouissement et la pérennité de sa Sainte Vision, indispensable à l'équilibre universel. Amen.

Voilà pourquoi, je vous prie encore de me pardonner de penser que laisser le mal s'y rependre, privilégie une minorité qui, se croyant intouchables, rend ce monde indigne de la Sainte Vision. Or vous avez moyens et pouvoir qu'il ne devienne pas ainsi. Amen.

Raison pour laquelle, je vous implore de ne pas vous détourner des sanctuaires bâtis en votre élogieux saint puissant nom. Ainsi ils continueront d'être victorieusement animés pour maintenir dans les ténèbres tout ce qui doit y rester, afin que de génération en génération à travers tous les âges, l'Esprit de Dieu Notre Saint Père continue de nous animer avec joie, sans sérieuse entrave. Amen.

Non ! Il n'est pas bon de laisser ce monde à ce qui déplaît à Dieu Notre Saint Père. Il est évident qu'Il ne créa pas cette planète et sa biodiversité pour de telles manifestations. De plus le Seigneur Jésus Christ a payé, aux prix les plus forts, le rachat de l'humanité. Il est juste et bon que sa part lui soit préservée de génération en génération. Amen.

Raison pour laquelle, je vous supplie de ne jamais vous résigner à laisser ce monde sombrer dans des manifestations désapprouvées par Dieu Notre Saint-Père. Amen.

Dans ce sens, en vous priant de vous rappeler le but des sanctuaires que vous avez fait édifier dans ce monde,

Très humblement, je vous implore de nous aider à neutraliser les forces malveillantes, et ainsi assurer l'épanouissement et la pérennité de la Sainte Vision, indispensable pour l'équilibre universel, sur lequel vous veillez avec succès. Amen. Davantage ! Respect ! Reconnaissance ! Puissance ! Succès, Triomphe et Célébrations aux Forces du Bien. Amen.

Ô Archange Saint Michel, incontestable Précieux Protecteur ! Je crois en vous. Voilà pourquoi je vous implore également de me protéger ainsi que les membres de ma famille, de toujours protéger les sincères croyants et croyantes en Dieu Notre Saint Père. Amen !

Vous le savez ! Vos interventions dans ce monde sont précieuses, utiles et indispensables pour renvoyer dans les ténèbres tout ce qui doit y rester, et ainsi préserver le lumineux équilibre universel sur lequel vous veillez avec succès. Qu'ainsi soit-il de génération en génération à travers tous les âges. Amen.

En l'Honneur et pour la Gloire de la Sainte Trinité, béni et respecté soyez-vous tous les jours ô Puissant Précieux

Archange Saint Michel ! Bénis soient davantage tous les Archanges et tous les Anges, fidèles serviteurs de la Sainte Trinité. Davantage ! Reconnaissance ! Respect ! Puissance ! Succès, Triomphe et Célébrations aux Forces du Bien. C'est très bien ainsi. Amen. Amen. Amen.

Marquer une pause. Puis poursuivre par les Prières de fond pour nos nécessités permanentes, à partir de la page 92

4ème et 5ème jours de votre 4ème neuvaine : Avec foi et persévérance, prier les Saints Apôtres et Sainte Rita

Sollicitation aux Apôtres et à Sainte Rita pour dénouements réjouissants

Pour cela, avec un cœur humble et sincère, solliciter leur soutien en manifestant le souhait de voir leur Mission continuer avec succès.

Voici venu l'instant où je sollicite le soutien des Apôtres.
Que ma Prière leur soit douce et motivante,
Afin qu'ils aient envie de nous soutenir davantage. Amen.

« Le mal ne gagnera pas ! » A confirmé le Pape Léon XIV le jour même de son entrée en fonction, et j'y crois car les Forces du Bien veillent prudemment. C'est pourquoi j'implore leur protection et leurs aides pour tenir bon et lui triompher, nous aussi. Amen.

Ô dévoués Apôtres ! Je vous salue ! Bénis soyez-vous davantage !

St Simon-Pierre, St André, St Jacques fils de Zébédée, St Jean, St Philippe, St Barthélémy, St Thomas, St Matthieu, St Jacques, St Jude, St Simon le Zélote, et vous St Paul. Vous êtes bénis ! Bénis soyez-vous davantage ! Fertiles soient davantage vos œuvres ! Fervente reconnaissance pour votre contribution à l'édification de l'Église ! Amen.

† Au nom du Seigneur Jésus Christ, je m'agenouille pour vous adresser humblement ma prière, ô vous à qui Dieu Notre Père a fait l'extraordinaire grâce d'opérer beaucoup de

miracles, fertilisant ainsi votre activité, parce que vous avez su écouter et aimer son Bien-Aimé Saint Fils, le Seigneur Jésus Christ, à tel point que de vous il a dit :

« *Je ne vous appelle plus serviteurs, parce que le serviteur ne sait pas ce que fait son maître ; mais je vous ai appelés amis, parce que je vous ai fait connaître tout ce que j'ai appris de mon Père. Ce n'est pas vous qui m'avez choisi ; mais moi, je vous ai choisis, et je vous ai établis, afin que vous alliez, et que vous portiez du fruit, et que votre fruit demeure, afin que ce que vous demanderez au Père en mon nom, il vous le donne.* » (C'est dans Jean 15.15 à 15.16) Amen.

Et encore ceci :« *En ce jour-là, vous demanderez en mon nom, et je ne vous dis pas que moi, je prierai le Père pour vous. Car le Père lui-même vous aime, parce que vous m'avez aimé, et que vous avez cru que je suis sorti de Dieu.* » (C'est dans Jean 16.26 à 16.27). Amen.

Auparavant, il avait affirmé :« ··· *et tout ce que vous demanderez en mon nom, je le ferai, afin que le Père soit glorifié dans le Fils.* » (C'est dans Jean 14.13) Amen.

M'appuyant sur ces sacrées motivantes Paroles, je souhaite vivement voir votre merveilleuse contribution dans ce monde continuer à porter de réjouissants résultats, en réponse aux prières qui vous sont adressées, animant généreusement ainsi la sainteté et la puissance de la foi de l'Église, car indispensable pour l'équilibre de ce monde.

C'est pourquoi humblement, je supplie qu'il plaise à Dieu Notre Père, au nom du Seigneur Jésus Christ, en reconnaissance de votre dévouement, de fertiliser la foi que vous avez animée en moi.

Pour cela, j'ai besoin de votre aide pour ___ (préciser vos souhaits). Je souhaite aussi la grâce de voir les chrétiens, moi y compris, respecter, mieux qu'autrefois, les Instructions de Dieu Notre Père. Amen.

Raison pour laquelle, je vous supplie de nous fermer les portes du mal, et d'ouvrir celles du bien. Amen. Amen.

Marquer une pause. Puis poursuivre par la Prière à Sainte Rita.

Ô Sainte Rita ! Vous l'avocate des causes désespérantes, humblement, je vous salue ! Vous êtes bénie. Paix pour votre âme et pour votre esprit ! Fertiles soient davantage vos intercessions en notre faveur. Amen.

Ô Sainte Rita ! Je reconnais que vous nous aidez efficacement à résoudre nos problèmes et à préférer le chemin de la lumière. De tout mon cœur, je vous dis merci.

Et je vous supplie de m'aider à ____ (préciser vos souhaits). Je vous supplie également de m'aider à éviter ce qui déplaît à Dieu Notre Père, et ainsi être davantage proche de Lui et de ses bienfaits. Merci.

Davantage, respect, amour, fidélité, louange et gloire à la Sainte Trinité de Dieu Notre Père, et de Jésus Christ Notre Sauveur-Rédempteur, et du Saint-Esprit des Précieux Dons. Fervente Reconnaissance aux Fidèles Serviteurs et Servantes de la Sainte Trinité. Grande Paix dans l'Empire de Dieu Notre Père, notamment à quiconque, en vérité, respecte, aime et craint Dieu Notre Père. Amen. Amen. Amen.

Marquer une pause. Puis poursuivre par les Prières de fond pour nos nécessités permanentes, à partir de la page 92

6ème au 8ème jour de votre 4ème neuvaine : Avec foi et persévérance, prier le Seigneur Jésus Christ

Supplication à Jésus Sauveur-Rédempteur, pour la grâce d'être exaucé

Pour cela, prendre le temps de vous confier à lui avec franchise, vénération, espoir et respect, animé du réel souhait de sa miraculeuse intervention.

Ô Jésus Christ Mon Seigneur ! Sauveur-Rédempteur de l'Humanité ! Il est bon et essentiel que tes œuvres témoignent toujours abondamment de ton Amour, de ton Pouvoir et de ta Sainteté ! Amen.

Seigneur Jésus Christ ! Ô Bien-Aimée Saint Fils de Dieu Notre Père ! Très humblement, je te salue ô Mon Seigneur ! Béni sois-tu davantage. Amen.

Pour la Gloire de Dieu Notre Père, à toi davantage attirance, respect, amour, loyauté, ferveur et gloire de génération en génération à travers tous les âges. Amen ! Tu es Grand ! Béni soient davantage ton Enseignement, tes Œuvres, ton Pouvoir, ton Église tes Fidèles et leurs contribution à ton Église. C'est très bien ainsi. Amen.

Me voici ! Humblement, je reviens me confier à toi en implorant ton pardon ô Seigneur Jésus Christ, ta protection ô mon Bon Maître, et ton aide ô Merveilleux Puissant Bien-Aimé Saint Fils de Dieu ! Amen.

Comme tu nous l'as appris, avec respect, insistance et foi, j'ai adressé ma prière à Dieu Notre Père qui est dans les

Cieux. J'ai également prié la Sainte Vierge Marie, ta mère, ma Bienveillante Mère Céleste, car elle nous aide sans relâche. Amen.

J'ai fait appel à Ste Rita. Car elle a su recevoir et préserver la grâce, à tel point que Dieu lui a donné le pouvoir de nous aider. Et elle nous aide, manifestant ainsi le pouvoir de la foi chrétienne. Amen.

J'ai fait appel à l'Archange St Michel. Car sa protection nous est indispensable dans nos combats contre le mal. Amen.

Je me suis aussi tourné vers tes fidèles saints Amis, car tu leur as fait grâce, qu'en demandant directement au Père en ton nom, ils obtiennent et ainsi continuer à porter du fruit. (C'est dans Jean 15.15 à 15.16). Amen.

Cependant ô Seigneur Jésus, Puissant Saint Fils de Dieu, je reconnais que toute chose passe par toi. Car de l'aveu de Saint Jean-Baptiste :« *Le Père aime le Fils, et il a remis toutes choses entre ses mains.* » (C'est dans Jean 3.35) Amen.

Raison pour laquelle, humblement, je te supplie de me faire grâce, pour que le fruit de ta Mission, la contribution de tes fidèles saints Amis, à travers des dénouements réjouissants en réponse aux prières qui vous sont adressées, continuent d'alimenter généreusement la sainteté et la ferveur de la foi au Père, au Fils, et au Saint-Esprit. C'est très bien ainsi pour l'équilibre universel. Merci Seigneur Jésus. Amen.

Dans cet état de conscience, humblement, je t'implore pour _____ (énumérer vos nécessités). De même, je ressens la nécessité de te supplier de nous aider à neutraliser les aberrations et dérèglements nous éloignant de la Volonté de Dieu Notre Père. Merci Seigneur Jésus.

Je te parle de tout cela, ô Seigneur Jésus Christ Merveilleux Puissant Bien-Aimé Saint Fils de Dieu, Mon Bon Maître, car j'ai foi en toi et je sais que si tu le veux, tout cela s'arrangera en douceur. Amen. Amen.

Pour la Gloire de Dieu Notre Père, à toi davantage respect, attirance, amour, loyauté, ferveur et gloire ici, maintenant, toujours et partout ô Jésus Christ Mon Seigneur ! Mon Bon Maître Bien-Aimé ! Amen !

Tu es Béni ! Béni sois-tu davantage ! Bénie est ta Parole ! Béni est ton Pouvoir ! Bénie est ta Force ! Bénie est ta Puissance ! Bénie est ta Sainteté ! Bénies sont tes Œuvres ! Bénie est ton Église ! Bénis sont tes Fidèles et leurs contributions à ton Église ! Tout cela, de génération en génération à travers tous les âges. Amen !

Humblement, je t'en supplie encore ! S'il te plaît ô Seigneur Jésus Christ ! Pardonne-moi, guéris-moi et aide-moi à m'en sortir, et à m'accomplir mieux qu'autrefois, pour l'épanouissement et la pérennité de la Sainte Vision de Dieu Notre Père, indispensable à l'équilibre universel. Amen.

Tu m'as obtenu l'indispensable don de consacrer ce moment

à prier ainsi. Ô Seigneur Jésus Christ Mon Bon Maître, toi qui exauça toute personne qui, avec foi, vint te prier pour ses nécessités, s'il te plaît, pardonne-moi, protège-moi et aide-moi dans mes nécessités, et aussi à éviter ce qui déplaît à Dieu Notre Père, et ainsi, à travers toi, rester davantage proche de Lui et de ses bienfaits. Amen.

« *Merci Seigneur, dès maintenant et pour toujours !* » (Ps. 113.2)

Amen. Amen. Amen.

Marquer une pause. Puis poursuivre par les Prières de fond pour nos nécessités permanentes, à partir de la page 92

Chant d'imploration en temps d'affliction

Notamment lorsque vous n'en pouvez plus,

ou lorsque vous avez un présentiment alarmant.

SEIGNEUR !!! Pardonne-nous !!! SEIGNEUR !!! Pardonne-nous !!! Hé héhé !!! Je t'en supplie ! SEIGNEUR pardonne-nous !!!

Ô Jésus !!! Pitié de nous !!! Ô Jésus !!! Pitié de nous !!! Hé héhé !!! Je t'en supplie ô Jésus pitié de nous !!!

Ô Sainte Vierge Maria ! Aidez-nous !!! Ô Sainte Vierge Maria ! Aidez-nous !!! Hé héhé !!! Ô Sainte Vierge Maria ! Aidez-nous !!!

† Au nom du Père, du Fils, et du Saint-Esprit.

Amen. Amen. Amen.

Au 9ème jour de vos 3 neuvaines : Prendre soin de votre relation avec Dieu, c'est Lui donner l'envie d'intervenir en votre faveur

L'amour comble deux êtres qui s'aiment lorsqu'ils savent mutuellement prendre soin l'un de l'autre, s'inquiéter l'un pour l'autre et inversement, et aussi, manifester de la reconnaissance pour les bienfais reçus de l'autre.

Dieu Notre Père aussi apprécie une réciproque affection. Il laisse les personnes qui Lui en manifestent sincèrement s'inscrire dans son *cœur* et Il ne les oublie jamais.

Le Seigneur Jésus en chassant les marchands du temple, démontra qu'il n'était pas indifférent à ce lieu, manifestant là aussi son affection à Dieu Notre Père.

Il est bon de se rappeler les églises, chapèles, cathédrales, couvents et monastères. Ces lieux manifestent la présence de Dieu Notre Père parmi nous. L'un des moyens directs et simples de témoigner de l'affection à Dieu et à Jésus est de contribuer, lorsque cela vous est possible, à l'entretien de votre paroisse ou tout lieux religieux qui vous interpelle.

En y contribuant, vous pouvez ressentir la plénitude de votre relation avec Dieu Notre Père. Beaucoup prient et sont souvent exaucés. Mais il leur est difficile d'expérimenter la plénitude de leur relation avec Dieu. Parce qu'ils ne savent pas l'aimer davantage, ils s'abstiennent de prendre soin de leur relation avec Lui, ils se retiennent de manifester de la reconnaissance pour les bienfaits qu'ils reçoivent de Lui.

Ainsi, à l'exemple des 10 lépreux que Jésus avait guéris, un seul manifesta véritablement sa reconnaissance envers le Divin Pouvoir. Et c'est trop peu. En effet, il nous est rapporté par Luc 7.12 à 7.19 que :

« 12 Comme il entrait dans un village, dix lépreux vinrent à sa
rencontre. Ils s'arrêtèrent à distance 13 et lui crièrent : « Jésus,
maître, prends pitié de nous. » 14 A cette vue, Jésus leur dit :
« Allez-vous montrer aux prêtres. » En cours de route, ils furent
purifiés.

15 L'un d'eux, voyant qu'il était guéri, revint sur ses pas, en
glorifiant Dieu à pleine voix. 16 Il se jeta face contre terre aux
pieds de Jésus en lui rendant grâce. Or, c'était un Samaritain.

17 Alors Jésus prit la parole en disant : « Tous les dix n'ont-ils
pas été purifiés ? Les neuf autres, où sont-ils ? 18 Il ne s'est
trouvé parmi eux que cet étranger pour revenir sur ses pas et
rendre gloire à Dieu ! »

19 Jésus lui dit : « Relève-toi et va : ta foi t'a sauvé. » Amen.

Cet homme-là en revenant, se distingua humblement des autres par un acte de reconnaissance du bienfait qu'il venait de recevoir. Alors Jésus lui accorda davantage : une bénédiction réservée aux personnes sachant manifester de la reconnaissance pour le bienfait reçu.

Dieu Notre Père nous aide. Il nous exauce dans nos nécessités. Et cela se passe avec une douceur laissant croire qu'Il n'a rien fait. Or, Il fait et peut faire davantage si nous l'encourageons en Lui manifestant du respect, et la reconnaissance pour les bienfaits déjà reçus.

L'ingratitude, nous le savons ! C'est une attitude qui refroidit les cœurs les plus enthousiastes. Alors oui, si ce n'est chose déjà faite, et si vous le pouvez, l'une des solutions à votre portée est d'aller à votre paroisse voir quel petit service vous aussi vous pouvez rendre afin que la Maison de Dieu Notre Père reste animée et accueillante.

Non ! Ne sous-estimez pas le temps que vous passez pour contribuer à l'animation de votre paroisse ou toute autre paroisse qui vous motive. Ce temps-là, Dieu Notre Père le fertilise non seulement pour vous, mais pour beaucoup d'autres personnes. Et c'est là une active façon de manifester votre amour et votre reconnaissance à Dieu Notre Père et à Jésus Christ Notre Sauveur-Rédempteur.

En rendant des petits services dans votre paroisse, vous reconnaissez être un enfant de Dieu Notre Père et que sa Maison est aussi la vôtre.

Ne soyez pas un étranger ou une étrangère dans votre paroisse. Pour cela, si vous le pouvez, participez aux activités qui font vivre votre paroisse et, du mieux que vous pouvez, soutenez votre paroisse financièrement. Alors, Dieu verra que vous ne pensez pas qu'à vous, mais aussi à Lui, à Jésus Christ, à la Vierge Marie, à Saint Joseph et à toutes les personnes qui ont travaillé pour mettre tout cela en place.

Maintenant, c'est votre tour d'agir pour que la Maison de Dieu Notre Père reste animée et accueillante. Et que vous vous y sentez comme chez vous. C'est pour cela qu'elle est là. Pour que les fidèles s'y sentent chez eux. Pour cela le meilleur moyen est d'y tenir un rôle.

Personnellement, c'est ce que je fais lorsque cela m'est possible. Et la grâce de Dieu Notre Père repose sur moi parce que je fais tout cela de bon cœur. Et je fais tout cela de bon cœur parce que J'Aime Dieu, j'Aime Jésus, j'Aime le Saint-Esprit, j'Aime la Vierge Marie, bref, j'aime les membres du Royaume Céleste parce qu'ils sont bons pour nous. Voilà pourquoi je vous encourage à les aimer et à être bon pour eux, du mieux que vous pouvez.

Si vous ne le pouvez pas, ce n'est pas grave. Dieu Notre Père voit ce qui vous en empêche et vous pardonne.

Marquer une pause. Ensuite commencer par la Prière d'introduction, page 9

Puis poursuivre par la page suivante.

Manifeste pour Bon Retournement de Situation par le Pouvoir de Jésus Christ

Pour entretenir l'espérance source de pouvoir en soi, régulièrement, affirmer ces indispensables nécessités :

Que mon cœur soit en Paix !
Que mon être retrouve de la Joie ! Rayonnons en Paix. Amen.

Oui ! Je souhaite que mon cœur soit en paix ! Je souhaite que mon être retrouve de la joie ! Je souhaite que nous rayonnions en paix, car l'Esprit Saint est actif dans ce monde, au nom de Jésus Christ, par la grâce de Dieu Notre Père. C'est pourquoi je dis :

Mon cœur soit en paix ! Jésus Christ est mon Protecteur, il me protège bien, je ne risque rien tant que je demeure proche de lui. Amen.

Mon cœur soit en paix ! Jésus Christ est mon Conseiller, il me conseille bien, je ne puis m'éparpiller tant que je l'écoute. Amen.

Mon cœur soit en paix ! Jésus Christ est mon Guide, il me guide bien, je ne puis m'égarer tant que je le suis. Amen.

Mon cœur soit en paix ! Jésus Christ est mon Berger, je ne puis manquer de rien tant que je le laisse me conduire. Amen.

Mon cœur soit en paix ! Car par le Pouvoir de Jésus Christ, tout s'arrange bien tant que j'agis dans le bon sens en ayant foi en lui. En lui j'ai foi et, du mieux que je le peux, j'agis dans le bon sens. Amen.

Lui qui a transformé de l'eau, pour donner à boire aux invités, le meilleur vin à la fin du repas ;

Lui qui, avec cinq petits pains et deux poissons, a nourri une foule immense ;

Lui qui a transformé la pêche bredouille de Simon-Pierre et ses compères en une pêche abondante ;

Lui qui a guéri les gens de leurs divers maux, allant jusqu'à en ressusciter ;

Lui qui a fait trembler les démons et les a délogés avec autorité ;

Lui qui a marché sur des eaux, a calmé la tempête déchaînée ;

Lui qui, le 3ème jour, est ressuscité des morts ;

Il a le Pouvoir sur les éléments visibles et invisibles, il a le Pouvoir sur les phénomènes incompréhensibles. Lui, mon Protecteur, mon Guide, mon Berger, fit tellement de choses étonnantes que *« si on les écrivait en détail, je ne pense pas que le monde même pourrait contenir les livres qu'on écrirait. »*, déclara Saint Jean (21.25).

Avec un tel Pouvoir, qu'est-ce qui peut l'empêcher de calmer la tempête déchaînée en moi et autour de moi ? Qu'est-ce qui peut l'empêcher de me sortir de toute situation pour laquelle je suis dépassé ?

Alors oui, mon cœur soit en Paix ! Mon être calme-toi et entre dans l'allégresse ou alors patiente en paix, et toi mon esprit, relativise les faits, voit ce que tu peux en faire de bon, car Jésus Christ est avec nous ! Il est à mes côtés ! Il est vraiment avec nous ! Alléluia ! Amen.

Par la grâce de Dieu Notre Père, au nom du Seigneur Jésus Christ, tout s'arrange harmonieusement au bon moment dès lors que nous faisons correctement notre part. Alléluia ! Amen.

Je me relève donc et j'agis du mieux que je le peux. Pour le résultat, je m'en remets à Dieu des solutions miraculeuses : Il ne nous délaisse pas. Alléluia ! Amen.

« *Merci Seigneur, dès maintenant et pour toujours !* » (Ps. 113.2) Amen.

Mon âme, loue Dieu Notre Saint Père, Souverain des univers, et n'oublie aucun de ses bienfaits ! (Tiré du Ps. 103.2) Amen.

Et toi, mon esprit, glorifie le Saint-Esprit, rappelle-toi toujours le Seigneur Jésus Christ, ses Étonnants Signes, son Précieux Enseignement, et son Infini Amour pour nous. Médites-y et tiens compte de tout cela. C'est très bien ainsi. Amen. Amen. Amen.

Marquer une pause. Puis, poursuivre par la page suivante.

Consacrer un moment à célébrer la grâce avant de la recevoir, pour l'attirer sur vous.

Prière de remerciements pour attirer la grâce d'être exaucé

Pour cela, le cœur reconnaissant,
dire merci à Dieu et à ses Merveilleuses Forces.

***Béni soit le Merveilleux Pouvoir de Dieu Notre Saint Père Bienveillant !
Il gouverne harmonieusement les mondes visibles et invisibles. Amen. (Bis)***

Oui ! Loué ! Loué et respecté soit davantage Dieu le SEIGNEUR Souverain des univers ! Il m'accorde l'immense privilège d'exaucer mes prières ! D'âge en âge, de génération en génération, qu'Il soit encore et toujours fervemment adoré, car Il est Bon, Dieu Notre Père-Bienveillant ! Amen.

† Au Père, au Fils, et au Saint-Esprit, ainsi qu'aux archanges et aux anges ; et, aussi, à la Sainte Vierge Marie, à Saint Joseph son illustre époux, aux saints apôtres, humblement, je tiens à dire et redire, de tout mon cœur, merci ! Aux saints et saintes martyrs, infiniment merci !

Ce jour-là, le cœur dans la joie du fait accompli, je pourrai dire avec plénitude :

Loué ! Loué et respecté soit davantage le SEIGNEUR Mon Dieu ! Mon Père-Créateur Adoré m'a fait l'immense privilège d'exaucer mes prières ! Amen !

Merci SEIGNEUR, de m'avoir aidé à résoudre les problèmes qui accaparaient mon esprit, ma conscience, mon cœur et même mon corps et, aussi, de m'avoir accordé la grâce de voir solutionnés les cas qui nous dépassent, ô Dieu qui peut tout.

Merci beaucoup SEIGNEUR, de m'avoir donné suffisamment de temps, de moyens et pouvoir de te servir de mieux en mieux à travers mes différents rôles et la mission que tu m'as confiée. Amen.

Merci notamment pour : __ (à préciser si besoin)

En fait, merci beaucoup SEIGNEUR, pour ce que je vois merveilleusement accompli et, aussi, pour ce que je ne vois pas alors que c'est merveilleusement accompli ou en cours d'accomplissement. Car il est vrai que « *Le Père est à l'œuvre, le Fils aussi est à l'œuvre.* » Amen.

Davantage loué ! Loué et respecté soit le SEIGNEUR Mon Dieu, le Bienveillant ! Il est Tout-Puissant, Saint, Merveilleux, Majestueux, Glorieux ! A Lui, davantage respect, amour, fidélité, louange et gloire ! Amen ! - Pause-

Je ne puis tourner cette page la conscience tranquille sans avoir également exprimé ma reconnaissance envers nos anges-gardiens, les saints et les saintes qui nous aident souvent très discrètement. Merci pour votre aide au cours de la période que nous venons de traverser et aussi pour celle que nous sommes en train de traverser. Amen.

Je souhaite que l'Éternel, Dieu Tout-Puissant vous bénisse et fertilise davantage vos bonnes œuvres et délicates interventions, afin que les signes de votre travail demeurent saints et motivants d'âge en âge, de génération en génération. Amen.

Dans ce sens, humblement, je souhaite qu'il nous soit donnés sagesse et pouvoir d'éviter les décisions et actes allant à l'encontre du bon sens et, surtout, à ne point succomber aux tentations ni aux pressions déroutantes, mais à préférer la sainteté en réparant les fautes et offenses commises, ainsi nous aurons la grâce d'être et demeurer fidèles à la Sainte Vision de Dieu l'Éternel, Lui Notre Saint Père-Créateur. C'est très bien ainsi pour Lui, pour nous et, bien sûr, pour Notre Sauveur-Rédempteur, le Seigneur Jésus Christ. Amen !

Loué ! Loué et respecté soit davantage le SEIGNEUR Mon Dieu, le Bienveillant m'accorde l'immense privilège, en exauçant mes prières ! Merci SEIGNEUR Mon Dieu ! Amen !

† Pour tout cela, de tout mon cœur, de tout mon esprit, de toute mon âme, je souhaite vivement que Respect, Amour, Fidélité, Louange et Gloire soient davantage fervemment manifestés ici, maintenant, toujours et partout au Père, au Fils, et au Saint-Esprit, avec fervente Reconnaissance aux êtres bienveillants du ciel et de la terre qui nous aident souvent très discrètement. Amen. Amen. Amen.

Marquer une pause. Puis poursuivre par les prières de fond pour nos nécessités permanentes, à partir de la page 92

AU 10ÈME JOUR DE VOS NEUVAINES : CONSACRER UN PEU DE TEMPS À MANIFESTER VOTRE RECONNAISSANCE À DIEU ET À SES MERVEILLEUSES FORCES POUR TOUS LEURS BIENFAITS, VOUS FAIT BAIGNER DANS LA GRÂCE

Comme beaucoup d'entre nous, vous souhaitez mieux manifester votre reconnaissance à Dieu Notre Père. Seulement, la difficulté peut être de savoir par quel sincère moyen ? Sans doute, le meilleur moyen est indiqué dans le Psaume 50.14 à 50.15 où Dieu dit :

> « *Offre-moi plutôt ta reconnaissance, à moi, ton Dieu. Et tiens les promesses que tu m'as faites à moi le Très-Haut. Quand tu es dans la détresse, fais appel à moi : Je te délivrerai, et tu m'honoreras.* »

Il s'agit-là des paroles ayant un pouvoir actif pour l'épanouissement de notre relation avec Dieu. Mais quand on expérimente une situation accaparante, il est difficile de manifester une joyeuse reconnaissance à ce moment-là.

Raison pour laquelle, je supplie le SEIGNEUR Souverain des univers ! Notre Bienveillant Saint Père ! Le Dieu des Miracles, de vous aider dans ce dont vous avez besoin en ce moment et ainsi vous faire la grâce de Lui livrer une lumineuse reconnaissance.

Amen, c'est la vérité ! M'en sortir de cette situation qui

accapare ma vie, voir solutionné le problème qui me préoccupe tant, me donne une excellente opportunité de témoigner et d'entreprendre une action de grâce motivée.

Je vais ____ (indiquer ce que vous allez faire réellement pour marquer votre reconnaissance à Dieu et à ses Forces.) ou, mieux encore, toute action de grâce que l'Esprit Saint voudra bien m'indiquer à réaliser à mon niveau.

Et puisque les forces opposées font tout pour me faire abandonner mes bonnes résolutions, par la grâce de Dieu Notre Père, que je garde en moi son merveilleux conseil : « *Offre-moi plutôt ta reconnaissance, à moi, ton Dieu. Et tiens les promesses que tu m'as faites à moi le Très-Haut. Quand tu es dans la détresse, fais appel à moi : Je te délivrerai, et tu m'honoreras.* » (Ps 50.14 à 50.15) Ainsi soit-il.

C'est donc une relation de *réciprocité et de confiance* que Dieu Notre Père veut entretenir avec vous. En effet, dans une relation de réciprocité et de confiance les choses sont intenses, meilleures et stables.

Alors si vous ne savez pas quoi faire pour manifester directement votre humble réciprocité à Dieu et à ses Merveilleuses Forces, vous pouvez aller dans une paroisse de votre choix dans le cadre de l'opération *Soutenir ma paroisse.com* (créé en 2018 par mes soins pour aider les fidèles à contribuer au mieux) et proposer un service à rendre ponctuellement ou pendant une période (comme le balayage, dépoussiérage par exemple, ou autre). Vous pouvez également y verser un don exceptionnel si vos moyens vous le permettent.

Ensuite, si cela vous est possible, vous rendre sur le site *Soutenirmaparoisse.com* y inscrire votre témoignage et votre action de grâce pour communiquer votre témoignage aux générations futures.

Une Action de grâce n'étant généralement pas quelque chose à subir, il est bon de faire simplement ce que vous pouvez, afin de le faire avec grâce et plénitude. Si vous ne pouvez rien faire pour l'instant, soyez en paix car le moment vient où vous pourrez. Amen.

Commencer par la Prière d'introduction, page 9
Puis poursuivre par la page suivante.

C'est une grâce de reconnaître
ce que les Forces Célestes ont fait pour moi.

Supplique de reconnaissance et de sincères remerciements à la Sainte Trinité, et à la Bienheureuse Sainte Vierge Marie

Pour cela, avec un cœur reconnaissant, manifester votre satisfaction

Parce que le SEIGNEUR est mon Dieu Bien-Aimé, Bienveillant, Miséricordieux, Il m'écoute, Il m'entend, Il m'exauce dans nos nécessités. Amen.

Loué ! Loué et respecté soit davantage le SEIGNEUR Dieu des univers ! Il tient compte de mes prières ! D'âge en âge, de génération en génération, qu'Il soit tous les jours fervemment adoré, car Il est Bon, le SEIGNEUR Notre Dieu Bienveillant ! Amen.

> **Ô Éternel ! SEIGNEUR des Seigneurs ! La Source des Merveilles** ! Tu es Béni de génération en génération à travers tous les âges, car ce que tu fais est parfait. Oui ! Tu es Béni ! Tu es Parfait ! Loué et respecté sois-tu davantage tous les jours ! C'est très bien ainsi. Alléluia.

Tu créas ce monde, puis sa biodiversité, ..., bien après nous aussi, et tu nous confias tout cela. Loué et respecté sois-tu ! Encore de nos jours, tu fais pour nous pleines de bonnes choses dont je ne suis pas en mesure de comprendre l'enjeu ni l'importance.

Raison pour laquelle, en te suppliant humblement de me pardonner pour tout ce qui te déçoit de ma part, de tout mon cœur, je dis à « *Mon âme, bénis l'Éternel et n'oublie aucun de ses bienfaits* ! » (Ps. 103.2) Davantage respect, amour, fidélité, louange et gloire à toi ô Mon Dieu ! Mon Père-Créateur ! Grande Paix dans ton Empire, notamment à quiconque t'aime, te craint, t'adore et te respecte en vérité ! Amen.

A cet instant précis, pour tout ce que tu viens encore de faire pour le monde, pour moi, pour les membres de ma famille, et pour mes proches de cœur, merci Éternel, Mon Dieu ! Davantage respect, amour, fidélité, louange et gloire à toi ô Dieu des Merveilles ! Amen !

Oui, merci pour : ___ (citer vos satisfactions). En fait, Merci beaucoup pour ce que je vois merveilleusement accompli et, aussi, pour ce que je ne vois pas, alors que c'est merveilleusement accompli ou en cours d'accomplissement. Amen.

Ici, maintenant, toujours et partout, davantage loué ! Loué et respecté sois-tu, ô Saint Père-Bienveillant ! Dieu d'Abraham, Dieu d'Isaac, Dieu d'Israël, le SEIGNEUR Souverain des univers, Mon Dieu ! Encore et toujours fervemment adoré et respecté ! Y contribuer avec succès, est ma véritable gloire. Alléluia ! Amen. Amen.

Marquer une pause en baissant fortement la tête, les mains jointes, puis poursuivre.

Ô Jésus Christ ! Bien-Aimé Puissant Saint Fils de Dieu ! Sauveur-Rédempteur de l'humanité ! Mon Seigneur !

A toi respect, attirance, amour, loyauté, ferveur et gloire de génération en génération à travers tous les âges ! Car rien de toutes ces Merveilles n'a été fait sans toi, nous y compris ! Et rien de ce que nous sommes en droit d'espérer ne pourra être réalisé sans toi. Amen.

Je ne pourrai jamais te remercier assez pour tout ce que tu as fait pour moi, pour chaque membre de ma famille, pour mes proches de cœur, en fait pour chacun et chacune de nous dans ce monde.

Raison pour laquelle, en te priant humblement de me pardonner pour mes manquements, j'ai la grâce de te dire : « *Merci Seigneur, dès maintenant et pour toujours !* » (Ps. 113.2)

Ici, maintenant, toujours et partout, davantage respect, attirance, amour, loyauté, ferveur et gloire à toi ô Jésus Christ Sauveur-Rédempteur de l'humanité ! Béni et respecté sois-tu davantage ô toi qui fais la Volonté de Dieu Notre Père-Bienveillant. Amen. Fertile soit davantage ta Mission. Alléluia ! Amen.

A cet instant précis, j'ai la grâce de te dire merci pour la protection, les bons retournements de situations, tes multiples signes, en particulier : ___ (citer vos satisfactions) et aussi pour tes bienfaits dont je ne me rends pas compte, merci beaucoup Seigneur Jésus, car je le sais ! « *Le Père œuvre, le Fils aussi œuvre.* » et c'est très bien ainsi. Amen !

Encore et toujours fervemment vénéré et respecté ! Y contribuer avec succès, est ma glorieuse faveur. Alléluia ! Amen ! Amen !

Marquer une pause en baissant fortement la tête, les mains jointes, puis poursuivre.

Ô Saint-Esprit ! Merveilleux Canal des grâces du Père et du Fils, sans lequel rien de bon ne se ferait dans ce coin de l'univers !

Ici, maintenant, toujours et partout, vénéré ! Vénéré et respecté sois-tu davantage d'âge en âge, de génération en génération ! Amen.

Ô toi le Saint-Esprit insondable ! Je ne sais même pas par où commencer pour te manifester ma sincère reconnaissance sans ton aide. Alors, très humblement, je me contente de dire : pour tout ce que, par toi, nous recevons du Père et du Fils, mais aussi de leurs autres Merveilleuses Forces, merci de tout mon cœur. Et, pour tout ce que par ton initiative nous recevons, infiniment merci !

Oui ! Pour les dons reçus et pour ceux en cours de réception, pour tes innombrables bienfaits, merci beaucoup, car je le sais ! Tu continues d'œuvrer dans ce monde et c'est très bien ainsi. Alléluia ! Amen !

Ici, maintenant, toujours et partout, davantage respect, amour, reconnaissance, vénération et gloire à toi ô Saint-Esprit des Précieux dons ! Encore et toujours fervemment réclamé, acclamé et respecté ! Y contribuer avec succès, est un immense privilège pour moi. Alléluia ! Amen ! Amen !

Marquer une pause en baissant fortement la tête, les mains jointes, puis poursuivre.

Ô Sainte Vierge Marie ! Vous qui avez l'immense privilège d'être la Mère de Jésus Christ ! La Mère de Dieu-Sauve ! La Mère du Rédempteur ! La Mère de l'Église ! Notre Bien-Aimée Sainte Mère !

Ô vous par laquelle Jésus a pris chair en vous, puis materné et choyé par vous sous le saint patriarcat de Saint Joseph, a vécu parmi nous, avec le but – largement atteint - de nous enseigner et nous réconcilier avec Dieu le Père, nous sauvant ainsi de la damnation éternelle aux prix les plus forts ! Vous, la mère d'un tel Être, vous êtes un Sanctuaire vivant ! Bénie soyez-vous davantage. Amen.

De tout mon cœur, je veux vous dire merci avec la reconnaissance d'un enfant à sa bienveillante mère.

Ainsi, à cet instant précis, pour tout ce que vous avez fait pour moi, pour mes proches de cœur, pour ce monde, je vous dis : MERCI ! Oui, merci beaucoup pour : ____ (citer vos satisfactions) et aussi pour votre travail dont je ne me rends pas compte, merci beaucoup, car je le ressens ! Vous ne restez pas inactive, et c'est très bien ainsi. Amen.

Alors oui ! Pour la Joie du Père, du Fils, et du Saint-Esprit, bénie soyez-vous davantage ô Sainte Vierge Marie. Encore et toujours comblée de grâces ! Y prendre paisiblement part avec succès est une fertile bénédiction pour moi. Amen. Vous êtes bénie ! Que Dieu Notre Généreux Père vous bénisse davantage. Alléluia. Amen.

Je ne puis tourner cette page la conscience tranquille sans avoir également exprimé ma reconnaissance envers Saint Joseph votre illustre époux, père de Notre Seigneur Jésus sur terre, et Saint Patron des familles, et envers nos anges-gardiens, les anges et archanges, les saints et les saintes qui nous aident souvent très discrètement. Amen.

Merci pour votre aide notamment au cours de cette période que nous venons de traverser, ainsi que pour celle que nous sommes en train de traverser. Et, aussi, merci beaucoup pour votre aide à venir, car vous continuez d'intervenir favorablement dans ce monde. Alléluia ! Amen !

Il est bon que l'Éternel ! Dieu Tout-Puissant ! Notre Majestueux Saint Père vous bénisse davantage et fertilise davantage vos bonnes œuvres et interventions : c'est très bien ainsi pour l'équilibre de ce monde. Amen.

† Pour tout cela, de tout mon cœur, de tout mon esprit, de toute mon âme, je souhaite vivement que Respect, Amour, Fidélité, Louange et Gloire soient davantage fervemment rendus ici, maintenant, toujours et partout au Père, au Fils, et au Saint-Esprit, avec fervente Reconnaissance aux êtres bienveillants du ciel et de la terre qui nous aident souvent très discrètement. Amen. Amen. Amen.

Marquer une pause. Puis poursuivre par les Prières de fond pour nos nécessités permanentes, à partir de la page 92

PRIÈRES DE FOND POUR NOS NÉCESSITÉS PERMANENTES

Supplique à Dieu Notre Père pour une vie glorieuse

Pour cela, prendre le temps de Lui parler avec respect, franchise, adoration et réel souhait de mener une vie sainte, car Il veut que vous Lui ressembliez.

Tous les jours davantage loué ! Loué et respecté soit le Seigneur Dieu des univers ! Notre Saint Père Bienveillant ! Grande Paix dans son Empire, notamment à quiconque l'aime, le craint, l'adore et le respecte en vérité. Amen.

Ô Dieu Mon Seigneur Adoré ! Dieu Notre Saint Père Bienveillant ! Je le reconnais ! Il est bon et essentiel que ta Miséricorde agisse toujours pour nous comme notre espoir alimente en nous la foi en toi[5]. Merci Seigneur.

Or, ta Miséricorde ô Dieu Notre Père Bien-Aimé, Dieu Notre Sauveur Adoré, c'est aussi de nous sauver de ce qui nous pousse à te décevoir, nous en préserver. Alors, je crois que quand nous sommes dépassés, c'est qu'il est temps pour le Seigneur Dieu des univers, Notre Père-Créateur, Dieu des solutions miraculeuses, d'entrer en Scène pour y remettre le bon ordre. Amen.

Raison pour laquelle, voyant ce qui, malgré moi, se passe en moi, au tour de moi, dans ma famille, et ailleurs, au nom du Seigneur Jésus Christ, avec foi, je crie à toi ô Dieu Tout-Puissant Bienveillant.

Notre Père qui es aux cieux[6] !

---

5 Inspiré du Psaume 32.22

6 Inspirée de la Prière Universelle enseignée par Jésus à ses disciples.

Que ton nom soit sanctifié ici, maintenant, toujours et partout, maintient harmonieusement l'équilibre, c'est très bien ainsi ! Amen !

Que ton règne, règne ici, maintenant, toujours et partout, maintient harmonieusement l'équilibre, c'est très bien ainsi. Amen !

Que ta volonté soit faite sur la terre comme au ciel, maintient harmonieusement l'équilibre ici, maintenant, toujours et partout, C'est très bien ainsi ! Amen ! Amen !

Ainsi, pour l'épanouissement et la pérennité de ta Sainte Vision, ô Saint Père Bienveillant, Mon Dieu Adoré à qui j'ai la grâce de me confier et l'immense honneur d'appartenir, je t'en supplie ! Au nom du Seigneur Jésus Christ ton Bien-Aimé Saint Fils, notamment du fait de sa Douloureuse Sainte Passion, et aussi des martyrs et sacrifices, au nom de Jésus Christ, par Amour pour toi,

Je t'en supplie ô Dieu de l'abondance ! Saint Père Bienveillant ! S'il te plaît !

Aide-nous à gagner dignement notre pain quotidien et ce dont nous avons besoin, afin que la recherche de ce dont nous avons besoin ne nous éloigne pas de toi, ne nous fasse pas faire ce qu'il faut éviter. Mais que disposant de ce dont nous avons besoin, nous puissions fidèlement rester proches de toi, à travers les actes et attitudes qui respectent le Saint-Esprit, honorent ton saint nom, et celui de ton Bien-Aimé

Saint Fils, le Seigneur Jésus Christ. Amen. -Pause-

Ô Dieu de Miséricorde ! S'il te plaît ô Saint Père Bienveillant ! **Pardonne-nous nos offenses, et aide-nous à pardonner, comme toi tu nous pardonnes**, pour libérer nos cœurs, les disposer à mieux t'écouter, mieux t'entendre, te connaître et te comprendre davantage, et ainsi être les enfants dignes de ta Sainte Vision, fidèlement proches de toi. Amen.

Et encore ô Dieu Tout-Puissant ! Humblement, je t'en supplie ô Saint Père Prévoyant ! **Aide-nous à ne point succomber aux tentations ni aux pressions contrevenant à ta Volonté** ; des égarements, je t'implore de préserver notamment les parents, les enfants, et les personnes consacrées à ton service, ainsi que celles aux postes à hautes responsabilité. Tout cela pour nous aider à éviter de te décevoir, et ainsi rester fidèlement proches de toi de génération en génération à travers tous les âges, et toi davantage avec nous. Amen.

Dans ce sens, ô Dieu de la Délivrance ! S'il te plaît ô Saint Père Bienveillant ! **Délivre-nous de tout mal, de toute emprise maléfique**, pour vivre librement, te servir fidèlement par la digne tenue de nos différents rôles, et le bon accomplissement des missions que tu nous confies. Amen.

Raison pour laquelle, ô Bienveillant Saint Père Céleste Adoré ! S'il te plaît ô Dieu de Haute Protection et d'Inspirations miraculeuses ! **Garde-nous sous ta Haute Protection et inspire-nous**, de sorte que rien ni personne ne puisse nous détourner de toi, ni nous faucher avant l'heure. Mais que, disposant effectivement du précieux temps de présence que tu nous as accordé, -humblement, je souhaite qu'il soit long, digne, saint et beau- nous puissions nous accomplir pleinement dans le bon sens. Amen.

Voilà pourquoi, humblement, je te supplie encore de nous pardonner et nous accorder moyens et pouvoir d'agir dans le sens dont tu peux être fier, tout en vivant dignement nos vies avec succès, contribuant joyeusement dans ta Sainte Vision. Merci SEIGNEUR.

Dans ce sens, ô SEIGNEUR Souverain des univers ! Mon Dieu Mon Père-Créateur Adoré ! Humblement, je te supplie de me pardonner, me guérir de tout ce qui couve négativement en moi, me renforcer, me protéger, m'aider, m'inspirer nettement, et me sanctifier ô Saint Père Dieu de la Sagesse, afin que je puisse mieux agir qu'autrefois, mieux te servir qu'autrefois. Amen.

Et pour me préserver de la dévorante affliction, ô Dieu des Miracles, Mon Père-Créateur Adoré, je t'implore humblement de pardonner, protéger, guérir, renforcer, aider et guider : __ (citer les personnes pour lesquelles vous priez). Merci SEIGNEUR. Tu es Merveilleux ! Davantage respect, amour, fidélité, louange et gloire à toi ! Amen.

Surtout ô Dieu Source des Lumineux Accomplissements ! Parce qu'il est juste et essentiel que leurs actes soient dignes de ton saint nom et leur Mission également,

Humblement, je te supplie de protéger et inspirer davantage les institutions et personnes de bonne foi consacrées à ton service, ainsi que les membres de leurs familles ;

S'il te plaît ô Saint Père Bienveillant ! Je te supplie d'assainir leur rang, et de remettre le bon ordre dans le désordre que certains ont laissé, ô Dieu du Bon Ordre. Amen. -Pause-

Et encore ô Bienveillant Saint Père Céleste, Dieu de la Lumière ! Parce qu'il est juste et essentiel que tout peuple ayant reçu ta Parole évite de régresser dans les ténèbres, sa descendance également ; de même, il est juste et essentiel que des personnes marchant dans les ténèbres, davantage entendent et respectent ta Parole, notamment du fait de la Douloureuse Sainte Passion du Seigneur Jésus Christ ton Bien-Aimé Saint Fils et, aussi, tenant compte du dévouement de tous les saints et de toutes les saintes ayant glorifié ton Saint Nom :

Voilà pourquoi, humblement, je te supplie encore ô SEIGNEUR Dieu des Programmes Extraordinaires, de fertiliser en nous, de génération en génération à travers tous les âges, la sainteté et la puissance de la foi en la Sainte Trinité, ainsi qu'en tes fidèles saints et saintes élevés par ta Grâce pour t'avoir bien servi. Amen.

Et encore, parce qu'il est juste et essentiel que les bonnes œuvres réalisées demeurent saintes et motivantes :

Humblement, je t'implore de neutraliser les égarants, ramener et transformer les égarés ô Bienveillant Saint Père Tout-Puissant. Ô toi qui peux tout ! Je t'implore aussi de protéger et soutenir davantage celles et ceux qui sont sur le Saint chemin, pour que leur foi soit renforcée à chaque pas vers toi. Amen.

Tout cela pour l'épanouissement et la pérennité de ta Sainte Vision, ô SEIGNEUR Souverain des univers, Mon Père-Bienveillant Adoré. Puisque ce monde et tout ce qu'il contient t'appartiennent, nous y compris -c'est peu de chose de reconnaître cela-, s'il te plaît ô Saint Père Bienveillant ! Ne nous abandonne pas aux péchés.

Humblement, je te supplie encore ô toi le Saint des Saints, de nous aider à les éviter et à préférer ta sainteté. Car il est nécessairement juste et bon que nous te ressemblions, comme tu l'as toujours voulu, et qu'avec plaisir tu nous préserves et nous combles davantage, ô toi dont les bras sont comme des fleuves débordant de précieux dons. Amen.

Tous les jours davantage loué ! Loué et respecté soit le SEIGNEUR Dieu des univers ! Mon Père-Créateur Bienveillant Adoré ! Je le comprends ! Quand tu tiens compte de ma prière, tu me fais un immense privilège ! Quand tu m'exauces, tu me combles de bonheur ! MERCI ô Dieu des Merveilles ! Tu es Merveilleux ! Amen.

Bénie est ta Parole ! Bénie est ton Énergie ! Bénie est ta Sainteté ! Bénies sont tes Réalisations ! Béni est ton Empire ! Bénis sont tes Archanges et tes Anges ! Bénis sont tes fidèles serviteurs et servantes ! Bénis sont celles et ceux qui t'aiment, te craignent, te respectent et t'adorent en vérité. Bénis sont tes Projets ! Béni ! Béni ! Béni est ton Bien-Aimé Saint Fils, le Seigneur Jésus Christ Notre Sauveur-Rédempteur ! Amen.

Alors oui ! Bénis soient davantage tout ce que tu as fait, tout ce que tu as prévu de faire, et tout ce que tu es en train de faire ô Merveilleux Saint-Père, toujours à l'œuvre. Amen.

Humblement, je t'en supplie ! Bénis-moi ô Mon Dieu Adoré ! Mon Père qui est dans les Cieux ! Le Dieu des Bénédictions fertiles ! S'il te plaît ô Saint Père Bienveillant ! Je t'implore de me bénir et me protéger de sorte que ce que j'entreprends dans le bon sens, manifeste lumineusement ta Sainte Vision. Et pour que ce qui m'éloigne de toi, me désole ou me menace soit neutralisé, changé en opportunité d'agir mieux, mieux nous comporter. Amen.

Parce que ce n'est pas qui est à notre service, mais nous ! Nous sommes à ton service ô SEIGNEUR Souverain des univers ! Mon Père-Créateur Adoré ! J'ai donc conscience que toutes les prières que nous t'adressons, c'est pour en faire ce que bon te semble ô Éternel ! Et si tu le veux bien, notamment pour nous qui comptons sur toi et espérons en ton Pouvoir pour l'avènement d'un monde correspondant à ta Sainte Vision. Amen.

C'est pourquoi, je t'en supplie encore, s'il te plaît vois ! Une force logée en nous, parmi nous et autour de nous, nous pousse à te décevoir. Nous avons besoin de ton aide pour lui résister et la neutraliser. Raison pour laquelle je t'implore encore de ne pas nous abandonner à nos égarements, car c'est à toi que nous appartenons, et nous avons besoin de ton aide pour être et demeurer à toi. Amen.

Mon âme, loue le SEIGNEUR, Dieu Notre Saint Père Souverain des univers, et n'oublie aucun de ses bienfaits ! (Tiré du Ps. 103.2) Amen. Et toi, mon esprit, glorifie le Saint-Esprit, rappelle-toi toujours le Seigneur Jésus Christ, ses Étonnants Signes, son Précieux Enseignement, et son Infini Amour pour nous. Médites-y et tiens compte de tout cela. Amen.

Alors mon cœur baignera dans sa Joie, ma conscience dans sa Paix, mon âme dans le bonheur réel, et toi tu intégreras le rang des esprits illuminés bienveillants sur lesquels Dieu Notre Père peut compter. C'est très bien ainsi.

Car toi, mon esprit, souviens-toi ! Tu es ici pour faire ce que Dieu Notre Père apprécie. Évite de pécher, fuis les péchés, détourne-toi de ce qui déplaît à Dieu Notre Père. Mais fais ce qu'Il apprécie. Alors tu seras réellement un esprit merveilleux, utile, au service de la Sainte Trinité. C'est un grand privilège ! Amen ! Amen !

Marquer une pause.

Puis poursuivre par la prière à la Ste Vierge Marie.

Prière de reconnaissance et sollicitation à la Ste Vierge Marie, la Mère de l'espoir

En l'honneur et pour la Gloire de la Sainte Trinité !

Je vous salue Marie, pleine de grâces[7] !

Dieu l'Éternel est avec vous ! Vous êtes bénie pour toujours ! Et Jésus, le Fruit de vos entrailles est béni de plus que tous, en témoignent ses œuvres. Amen.

Ô Bienheureuse Vierge Marie ! Sainte Arche vivante portée non par les hommes mais par le Saint-Esprit !

Je reconnais que vous intercédez activement pour nous, je vous en remercie de tout mon cœur. Et, humblement, je vous supplie de continuer, parce que nous avons toujours besoin de votre aide. Merci.

Ces temps-ci, j'ai besoin de votre aide pour ____ (préciser votre ou vos souhaits). Surtout, ô Précieuse Sainte Vierge Marie, nous avons besoin de votre aide pour que Dieu le Souverain des univers nous préserve d'un destin indigne de sa Sainte Vision. Amen.

Justement, pour l'épanouissement et la pérennité de sa Sainte Vision indispensable à l'équilibre universel, bénie soyez-vous davantage ô Précieuse Sainte Vierge Marie !

---

7 Tirée de la célèbre Prière Catholique *« Je vous salue Marie ! »*

Fertiles soient davantage vos œuvres et interventions ! Il est bon qu'elles soient toujours couronnées de succès.

Amen. Amen. Amen.

 **† Marquer une pause.**

Puis clôturer par les remerciements et demandes à nos Anges-gardiens

Remerciements et demande d'aide à nos Saints Anges-Gardiens

Le mal ne gagnera pas. Et c'est très bien ainsi. Alléluia ! Amen.

Ô vous les Saints Anges-Gardiens ! Les êtres parfaits qui veillent sur nous et nous guident ! Merci de tout cœur pour votre indispensable travail, et surtout pour votre présence dans ce monde indigne de vous.

Oui, nous reconnaissons que vous êtes précieux ô vous qui faites, sans faillir, la volonté de Dieu Notre Père. Amen.

Raison pour laquelle, au nom de Jésus, en vous remerciant encore pour votre travail, nous vous supplions d'utiliser davantage un langage nous permettant de vous comprendre mieux, et l'aide dont nous avons besoin pour obtenir et préserver ce qui est juste. Merci.

Anges-Gardien de ___, merci. (citer les noms des personnes qui vous sont chères) Tous les Saints Anges-Gardien, Merci. Car votre travail nous est indispensable pour agir dans le bon sens avec persévérance et succès. Amen.

Et toi, **mon Ange-Gardien** ! L'être parfait qui, patiemment, veille sur moi et me guide. Sans toi, je ne serais plus ici. Tes conseils me sont précieux, et ta protection m'est indispensable ô mon Ange. Merci.

Je me dispose à t'écouter davantage, et te prie d'utiliser les signes m'aidant à comprendre mieux, et coups de pouce me permettant d'agir avec succès dans le bon sens. Merci.

A chaque instant, force, puissance, succès, félicitations et paix à vous les fidèles serviteurs de Dieu Notre Père. C'est très bien ainsi pour la Gloire de la Sainte Trinité, gage de l'équilibre universel. Alléluia ! Amen !

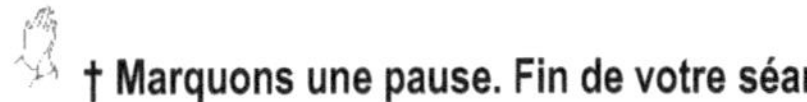

† Marquons une pause. Fin de votre séance.

Séance en cours de la journée ou le soir : demander de l'aide à nos Puissants Alliés

Prier davantage Dieu Notre Père de nous pardonner et nous aider

Pour cela, prendre la bonne habitude de rester proche de Dieu
et de manifester le souhait qu'il en soit ainsi en toute circonstance.

Dieu le Seigneur Est Ma Source. Dieu le Père Est Ma Source.
Alors, que je demeure en paix, tout va s'arranger, quand Il le décidera. Amen.

---

† En l'Honneur et pour la douce Gloire de la Sainte Trinité, au nom du Seigneur Jésus Christ, par l'intercession de la Sainte Vierge Marie la Mère des miracles, et de Saint Joseph le Saint patron des familles et des projets, l'aide de Sainte Rita, le soutien des Saints Apôtres, l'appui des Saints et des Saintes, le rayonnement des Archanges et des Anges, les dons du Saint-Esprit ! Me voici !

Ô Éternel ! SEIGNEUR Souverain des univers ! Généreux Saint Père-Bienveillant, Mon Dieu à qui j'ai la grâce de me confier ! Ce dont je te remercie de tout mon cœur.

Tous les jours loué ! Loué et respecté sois-tu de génération en génération, car comme le constata ton bon serviteur Moïse et beaucoup de tes illustres serviteurs après lui, malgré ma petitesse, moi aussi j'ai la grâce de remarquer ce que remarqua le sage roi Salomon : « *Il n'y a pas de Dieu comme toi ni là-haut dans les cieux, ni en bas sur terre.* » Vraiment, tu es Parfait ! Bienveillant et plus encore ô Dieu des Merveilles. Loué et respecté sois-tu davantage ! Amen.

Je le reconnais, ô SEIGNEUR Souverain des univers ! Mon

Dieu ! Quand tu nous exauces dans nos justes droits et/ou dans nos nécessités, tu alimentes puissamment en nous la confiance en toi, tu renforces puissamment notre affectueux lien avec toi, tu nous prouves encore que nous comptons beaucoup pour toi, tu nous fais pousser des ailes ! Merci SEIGNEUR. Amen.

Raison pour laquelle, j'ai la grâce de le reconnaître de tout mon cœur, de tout mon esprit, de toute mon âme : ô Dieu d'Abraham ! Tu es Merveilleux ! Dieu d'Isaac ! Tu es Merveilleux ! Dieu d'Israël ! Tu es Merveilleux ! Dieu que Moïse et Aaron ont servi dans le désert ! Tu es Merveilleux ! Dieu qui a parlé par les prophètes : Moïse ; Josué, Samuel, Nathan, Gad, Achija, Élie, Élisée, Isaïe, Baruch, Jérémie, Ézékiel, mais aussi : Osée, Joël, Amos, Abdias, Jonas, Michée, Nahum, Habacuc, Sophonie, Aggée, Zacharie, Malachie, Jean Baptiste, également : Sarah, Myriam, Déborah, Hannah, Abigaël, Houldah, Esther et d'autres ! Merveilleux ! Tu es Merveilleux ! Amen !

Dieu que le Seigneur Jésus Christ nous a révélé comme nulle personne auparavant ! Tous les jours davantage respect, amour, fidélité, louange et gloire à toi ô Saint Père-Bienveillant ! Dieu Mon Père-Créateur ! Tu es Merveilleux ! Alléluia ! Amen.

C'est sûr ! Quand tu nous exauces dans nos justes droits et/ou dans nos nécessités, tu rétablis la Justice, ta Justice ! Nous motivant ainsi efficacement à nous rapprocher davantage de toi, et à te demeurer fidèles. Merci SEIGNEUR. A toi davantage respect, amour, fidélité, louange et gloire ici maintenant, toujours et partout ! Alléluia ! Amen !

Toutefois, je comprends que, pour des raisons capitales et/ou pour notre bien, tu puisses ne pas exaucer certains de nos souhaits.

Raison pour laquelle, au nom du Seigneur Jésus Christ, humblement, je t'implore de nous pardonner et continuer de nous exaucer de façon à favoriser davantage notre effectif rapprochement de toi, objet de ta satisfaction et de notre réel bien-être. C'est très bien ainsi Père. Amen.

Nous le remarquons ô Merveilleux Saint Père Bienveillant, par l'épanouissement et la pérennité de ta Sainte Vision, nos vies deviennent progressivement meilleures et saintes, signe de la Gloire de la Sainte Trinité, et c'est très bien ainsi. Amen.

Mais nous le constatons ! Laisser les brebis galeuses et boucs galeux dans le troupeau, sans les soigner, n'augure rien de bon, ô Bon Berger ! Laisser en nous et parmi nous les gens agir comme les mauvaises herbes dans un champ abandonné, sans les encadrer, n'augure rien de bon, ô Bon Jardinier !

Oui, sans toi nous sommes perdus. Ô toi qui as le pouvoir de nous dompter ! Il est certain que nous ne pouvons devenir que ce que tu nous laisses devenir ô Dieu Notre Saint Père-Créateur. Amen !

Raison pour laquelle, je te supplie humblement de remettre le bon ordre en nous et parmi nous de temps en temps. Je sais que c'est ce que tu fais depuis toujours Père. Mais voyant ce qui se passe, je te supplie de ne pas tarder, car pour l'équilibre universel, il est essentiel que ta Volonté s'accomplisse avec constance. Amen.

Dans ce sens, je te supplie encore de me pardonner, me protéger et m'aider à mieux m'accomplir. Humblement, je t'implore de pardonner, protéger et aider également ____ (citer les personnes concernées). Amen.

J'agis donc du mieux que je le peux et je m'en remets à toi pour la suite à ton avantage Père, car ton avantage nous est favorable. Amen.

Tu m'as offert le privilège de consacrer du temps à te prier ainsi, ô Saint Père éternellement vénéré, Mon Dieu Bienveillant, je te supplie d'accueillir favorablement ma prière et m'exaucer Père. Amen !

Tous les jours, davantage amour, respect, fidélité, louange et gloire à toi Mon Dieu ! Grande Paix dans ton Empire, notamment à quiconque t'aime, te craint, t'adore et te respecte en vérité ! Amen.

† Au nom du Seigneur Jésus Christ, notamment du fait de sa Douloureuse Sainte Passion, constatant le Pouvoir actif du Saint-Esprit, en reconnaissance de l'activité de la Sainte Vierge Marie Notre Bienveillante Sainte Mère céleste, qui a

motivé la construction des sanctuaires dans ce monde pour entretenir le lien avec nous et nous aider dans nos nécessités, en reconnaissance de l'activité des archanges et des anges, des saints et des saintes qui, par ta Grâce, continuent de nous aider dans nos nécessités, et pour fertiliser les bonnes actions des personnes se confiant à toi, et aussi préserver les bonnes œuvres des personnes qui, autrefois, se confiaient à toi,

Humblement, je t'en supplie encore ô Éternel, SEIGNEUR Souverain des univers ! Mon Dieu Bienveillant ! Mon Père-Créateur Adoré ! Que tout s'arrange harmonieusement bien par ta Grâce, favorable à l'épanouissement et la pérennité de ta Sainte Vision, signe de la Gloire de la Sainte Trinité, indispensable à l'équilibre universel, gage de notre bien-être. Alléluia ! Amen ! Amen !

Ici, maintenant, toujours et partout, davantage respect, amour, fidélité, reconnaissance, ferveur, et gloire aux Merveilleux Membres de la Sainte Trinité ! Alléluia ! Amen. Amen. Amen.

Marquer une pause.

Puis poursuivre par la demande d'aide à la Ste Vierge Marie

Prière en Action de grâce pour demande d'aide à la Ste Vierge Marie, la Mère des Miracles

Pour l'épanouissement et la pérennité de la Sainte Vision, indispensable à l'équilibre universel, au nom du Seigneur Jésus Christ, humblement, je vous salue ô Sainte Vierge Marie ! Vous êtes bénie ! Fertiles soient davantage vos interventions ! Amen !

Ô Sainte Vierge Marie ! Vous qui avez le formidable privilège d'être la Mère de Jésus Christ ! La Mère de Dieu Sauve ! La Mère du Rédempteur ! La Mère de l'Église ! La Mère de la Chrétienté ! Notre Bienveillante Sainte Mère Céleste ! Sanctuaire Vivant où Jésus christ s'incarna ! Rien, ni personne ne peut vous déstabiliser ô Admirable Sainte Arche Vivante portée, non par les hommes, mais par le Saint-Esprit ! Pour le Ciel et pour les peuples de la Terre, vous êtes vraiment très Précieuse ô Sainte Vierge Marie ! Alléluia ! Amen.

Voilà pourquoi, humblement, je vous supplie de ne point déserter vos sanctuaires, car par votre activité miraculeuse, ils restent victorieusement animés et c'est très bien ainsi pour l'équilibre du monde. Amen.

Je sais que vous veillez sur moi depuis mon enfance ô Ma Sainte Mère. Je sais aussi que vous m'aidez dans mes nécessités. Pour tout cela, je vous dis merci beaucoup, et vous supplie de continuer, parce que j'ai toujours besoin de votre aide ô Merveilleuse Sainte Vierge Marie ! Ma Bienveillante Sainte Mère du Ciel. MERCI.

Ces temps-ci, j'ai besoin de votre aide pour ____ (préciser votre ou vos souhaits). Surtout, ô Précieuse Sainte Vierge Marie, nous avons besoin de votre aide pour que Dieu le Souverain des univers nous préserve d'un destin indigne de sa Sainte Vision. MERCI. AMEN.

Pour l'épanouissement et la pérennité de la Sainte Vision de Dieu Notre Père, signe de la Gloire de la Sainte Trinité, au nom de Jésus Christ, de génération en génération à travers tous les âges ! Bénie ! Bénie et respectée soyez-vous davantage ô Précieuse Sainte Vierge Marie ! Fertiles soient davantage vos œuvres et interventions ! Il est bon qu'elles soient toujours couronnées de succès.

Amen. Amen. Amen.

Marquer une pause, puis poursuivre par les souhaits essentiels.

Émettre les Souhaits Essentiels

Car il est bon et très important d'émettre des souhaits essentiels.

Pour l'épanouissement et la pérennité de la Sainte Vision de Dieu Notre Saint Père Bienveillant, indispensable à l'équilibre universel,

Au nom du Seigneur Jésus Christ, humblement, je souhaite vivement que Dieu Tout-Puissant, Notre Bienfaiteur Saint Père-Créateur Adoré, nous fasse l'immense privilège de Lui rendre de rayonnants témoignages de ses Précieux Bienfaits, de sa Lumineuse Présence, de son Infini Pouvoir. Amen.

Voilà pourquoi, humblement, je souhaite qu'Il nous pardonne, nous protège et nous aide en fertilisant nos bonnes intentions et bons efforts, et en neutralisant nos mauvais actes pour les changer en opportunités d'agir mieux, mieux nous comporter. Amen.

Et que de génération en génération, Il soit encore et toujours davantage fervemment adoré, car Il est Bon, le SEIGNEUR Souverain des univers ! Notre Dieu Bien-Aimé ! Notre Père-Créateur Adoré est Merveilleux ! A Lui davantage respect, amour, fidélité, louange ici, maintenant, toujours et partout ! C'est très bien ainsi. Alléluia ! Amen ! Amen !

Marquer une pause. Puis poursuivre par l'auto mise à disposition.

Prière d'auto mise à disposition pour les bons accomplissements

Au nom du Seigneur Jésus Christ, humblement, me voici encore ô SEIGNEUR Souverain des univers ! Merveille des Merveilles ! Dieu d'Excellentes Nouvelles ! Mon Dieu Bien-Aimé ! Mon Père-Créateur Adoré ! humblement, me voici !

J'ai la grâce de t'avoir adressé ma prière, merci SEIGNEUR. Humblement, je suis à ton écoute, si tu veux bien te manifester à moi, par moi ou à travers l'une ou l'un des miens, c'est un privilège pour moi, me voici !

Il est juste et bon que ton nom soit sanctifié ici, maintenant, toujours et partout. Amen. Pour cela ton aide nous est indispensable. Amen.

Il est juste et bon que ton règne, règne ici, maintenant, toujours et partout. Amen. Pour cela ton aide nous est indispensable. Amen.

Il est juste, bon et essentiel que ta volonté soit faite ici, maintenant, toujours et partout, de génération en génération à travers tous les âges. Amen. Pour cela ton aide nous est indispensable. Amen.

Raison pour laquelle, humblement, je te supplie encore de nous pardonner et nous aider à éviter ce qui te déplaît, ainsi nous ne te serons point décevants, mais une source de joie. Amen.

Me voici encore ô SEIGNEUR Souverain des univers !

Humblement, je suis à ton écoute ô Merveilleux Père-Créateur Bienveillant, Mon Dieu Adoré. S'il te plaît ne m'ignore pas. Je suis à ton écoute, je me dispose à éviter ce qui te déçoit, et à contribuer favorablement dans ta Sainte Vision. Car il est bon, juste et essentiel d'y contribuer moi aussi. Qu'ainsi soit-il, puisque c'est le but de ma présence dans ce monde. Amen.

Alors humblement, me voici, je suis là, je suis à ton écoute.

Je vais agir du mieux que je le peux, tout en restant à ton écoute, dans l'attente de tes Instructions claires, pour les comprendre, et de ta précieuse aide, pour que je sois efficace. Amen.

Merci SEIGNEUR. A toi davantage respect, amour, fidélité, louange et gloire d'âge en âge, de génération en génération ô Dieu des Merveilles ! Saint-Père Bienveillant ! Pour cela, ta protection et tes aides nous sont vraiment indispensables.

Amen. Amen. Amen.

Marquer une pause. Puis terminer par la sollicitation à nos Anges-gardiens.

Reconnaissance et appels à l'aide à nos Saints Anges-gardiens

Ô vous nos Saint Anges-gardiens ! Dieu Notre Père vous fait confiance. Le Seigneur Jésus Christ vous fait confiance. Le Saint-Esprit vous fait confiance pour retenir les dons qu'Il déverse en nous. Les autres Anges et les Archanges comptent sur vous tenir bon et réussir votre Mission auprès de nous. Tous les saints et toutes les saintes comptent sur vous pour veiller sur nous. J'ai donc la grâce de vous faire confiance et de compter sur vous pour réussir ma vie dans le bon sens. Amen.

Je reconnais que votre mission auprès de nous est très difficile, car nous sommes indisciplinés. Mais je sais que rien ne dépasse un ange de Dieu Notre Père et c'est très bien ainsi. Amen.

Voilà pourquoi je vous supplie de persévérer à nous faire comprendre notre intérêt d'écouter et d'appliquer vos précieux conseils. Amen.

Bénis soyez-vous davantage ! Fertiles soient davantage toutes vos interventions en notre faveur. Qu'elles soient toujours couronnées de succès. C'est très bien ainsi pour l'épanouissement et la pérennité de sa Sainte Vision, indispensable à notre sainteté, indispensable à notre perfection, signe de la Gloire de la Sainte Trinité, indispensable à l'harmonie universelle. Amen. Amen.

Et toi, mon Ange-gardien ! Toi l'être parfait qui veille sur moi, tu es béni. Béni sois-tu davantage. Fertiles soient davantage toutes tes interventions. Amen.

Merci beaucoup d'être là pour veiller sur moi, me guider, et m'inspirer. Tu es parfait, tu es précieux ô toi qui, toujours, fais la Volonté de Dieu Notre Père. Ô toi qui, toujours, évite ce qu'Il désapprouve.

S'il te plaît, ne te lasse pas de me protéger et de me guider. S'il te plaît ne m'abandonne pas quand je m'obstine malgré tes conseils, car parfois soit je ne comprends pas, soit c'est plus fort que moi. Voilà pourquoi je te supplie d'utiliser un langage me permettant de mieux te comprendre, et de l'aide pour que je sois efficace, ô mon Ange ! Amen.

Davantage respect, reconnaissance, force, puissance, succès, triomphe, paix et félicitations aux infaillibles fidèles serviteurs et servantes de Dieu Tout-Puissant, Notre Saint Père Bienveillant. Amen.

Davantage respect, amour, fidélité, louange et gloire à la Sainte Trinité de Dieu Notre Père, et de Jésus Christ Notre Sauveur-Rédempteur, et du Saint-Esprit des Précieux dons.

Amen. Amen. Amen.

† **Marquer une pause. Fin de votre séance.**

Dans tous les cas, rester connecté est la meilleure façon de vous en sortir glorieusement

S'en sortir glorieusement, dans le domaine spirituel, c'est résoudre un problème sans entacher notre âme ni remettre en cause notre salut.

Vous pouvez vous en sortir glorieusement. Pour cela, sans renoncer à vous défendre, inutile d'agir comme vos ennemis. Inutile d'aller chercher secours auprès des forces désapprouvées par Dieu Notre Père.

Pour cela, l'enseignement ci-après que nous a laissé le Seigneur Jésus Christ, peut vous aider à rester fidèlement connecté à Dieu Notre Père et à ses Merveilleuses Forces Bienveillantes sur nous. En effet, là est la Source de force et de pouvoir dont nous avons besoin pour tenir bon et réussir tout en restant sur le Saint chemin.

Pour rester effectivement connectés avec de meilleurs résultats, l'un des moyens essentiels est de renforcer la présence et le pouvoir de votre camp. Pour cela, éviter le dénigrement entre nous croyants et croyantes en Dieu et en Jésus Christ est capital.

En effet, le risque de dénigrement et le coût d'affaiblissement qu'il génère, nous guette, nous qui aimons et respectons Dieu. A cela, s'ajoute le fait que le démon de la jalousie et de la convoitise est en permanence en action. Il œuvre sournoisement pour nous dresser les uns contre les autres, nous divisant et nous fragilisant en faveur des forces du mal qui deviennent alors plus puissantes à cause de nos divisions. Ces forces-là nous divisent pour nous fragiliser et nous dominer.

C'est pourquoi, si une personne fait et/ou dit du bien au nom de Dieu Notre Père, il est bon d'éviter de la dénigrer même si vous n'êtes pas d'accord sur certains de ses points de vue et ou sur certains de ses actes.

Comme l'a dit Saint Jacques 5.9 : *« Ne récriminez pas les uns contre les autres, ainsi vous ne serez pas jugés. Voyez : le Juge est à notre porte. »*

Toutefois, il n'est pas question de fermer les yeux sur les points qui vous semblent aller à l'encontre du bon sens. Il n'est pas question de garder sous silence les mauvais actes.

Voilà pourquoi le Seigneur Jésus dit : *« Prenez garde à vous-mêmes ! Si ton frère a commis un péché, fais-lui de vifs reproches, et, s'il se repent, pardonne-lui. »* (C'est dans Jean 17.3)

Ainsi, reconnaître ce que quelqu'un dit et ou fait de bien au nom de Dieu, et relever poliment vos discordances constatées est la solution à votre portée. Vous donnez ainsi à cette personne l'opportunité de se corriger. Car à part Jésus Christ, aucun être humain n'est parfait.

Seulement, comme nous sommes vivement invités à devenir

parfaits, afin d'être réellement proches de Dieu Notre Père, nous devons œuvrer dans ce sens. Pour cela, l'un de notre devoir est de relever poliment ce que nous constatons aller de travers chez quiconque utilise le nom de Dieu et de Jésus.

En agissant ainsi, nous évitons de porter atteinte à la ferveur de la sainte foi en Dieu et en Jésus Christ. Nous évitons de nous fragiliser par le dénigrement, et nous nous renforçons dignement et glorieusement par des remarques constructives. C'est là une bonne chose pour nous et pour l'équilibre de ce monde.

Saint Paul avait constaté que le dénigrement est le premier ennemi des croyants et croyantes en Dieu. Dans ce sens, il dit aux Galates 5.15 que : « *Mais si vous vous mordez et vous dévorez les uns les autres, prenez garde : vous allez vous détruire les uns les autres.* », sans qu'aucun ne puisse atteindre le but recherché. Pourquoi ? Parce qu'en vérité, ce but-là n'est atteignable qu'avec l'extension de nos apports.

Raison pour laquelle Dieu Notre Père attend également des non-consacrés à son service, quelque chose à réaliser dignement, sainement. Pour éviter de nous opposer à Dieu, nous n'avons pas à nous y opposer.

Nous évitons ainsi de combattre Dieu en croyant préserver ses intérêts. Là est une excellente attitude permettant d'atteindre le but recherché qui, suivant le don personnellement reçu par chacun et chacune, nous anime.

S'agissant de vos ennemis, c'est-à-dire les personnes qui vous malmènent injustement par convoitise et ou par méchanceté et l'orgueil :

Parce que vous faites appel à Notre Dieu avec de bonnes intentions, et parce que vous, vous n'agissez pas comme eux, et surtout parce que vous, vous ne tirez vos forces et votre pouvoir qu'en Notre Dieu et en ses Merveilleuses Célestes Forces, ici va s'arrêter l'orgueil du flot de leurs mauvais coups qu'ils ont dirigés contre vous, contre l'une ou l'un des vôtres et/ou contre ce qui, de plein droit, vous appartient ou doit vous appartenir.

Supplique :

Ô Éternel ! SEIGNEUR Dieu des solutions miraculeuses ! Au nom de Jésus Christ, humblement, je te supplie de m'accorder la sagesse de laisser les autres exprimer leurs talents et dons. Je te supplie de nous donner l'intelligence d'écouter et d'appliquer les bonnes remarques. Et, aussi, je te supplie, quand cela s'avère utile, de m'inspirer pour les aider à mieux s'accomplir, en les faisant constater, lorsque cela s'avère nécessaire, les erreurs à corriger. Amen.

De même, je te supplie de m'accorder la force de les féliciter et témoigner pour leurs bonnes actions, aliments de la vraie ferveur foi en ton saint nom et en celui de Jésus Christ, ton Bien-Aimé Vaillant Saint Fils. Merci SEIGNEUR. Davantage et tous les jours ! Respect, Fidélité, Louange et Gloire à toi ô Saint Père Éternel ! Mon Dieu !

Merveilleux est l'Éternel ! Dieu Notre Père-Créateur Bienveillant m'accorde l'immense privilège de tenir compte de ma prière et m'exauce quand Il le veut bien. Merci SEIGNEUR. Amen.

Pour le principal, de tout mon cœur, de tout mon esprit, de toute mon âme, je souhaite vivement que Respect, Amour, Fidélité, Louange et Gloire soient davantage fervemment rendus ici, maintenant, toujours et partout au Père, au Fils, et au Saint-Esprit, avec fervente Reconnaissance aux êtres bienveillants du ciel et de la terre, qui nous aident souvent très discrètement. Amen. Amen.

Marquer une pause.

Prière tirée du Psaume 137

Pour reconnaissance et protection

Loué ! Loué et respecté soit davantage Yahvé Dieu Notre Saint Père Bienveillant. A Lui davantage respect, amour, fidélité, louange et gloire. Amen.

De tout mon cœur, SEIGNEUR, je te rends grâce, car tu as entendu les paroles de ma bouche. Amen.

Parce que ton amour pour moi est réel, je vais chanter ta louange en présence de mes semblables. Là-bas aussi, je vais me prosterner pour toi, m'agenouiller pour te manifester mon respect et ma reconnaissance. Amen.

Ô toi qui élèves ton Saint Nom et ta Parole au-dessus de tout ! Tu es Merveilleusement Bienveillant ô Dieu de Miséricorde ! Amen.

Quand tu exauces ma prière, tu fais grandir en mon âme la force, et en mon cœur la foi. Merci SEIGNEUR. A toi davantage respect, amour, fidélité, louange et gloire ici, maintenant, toujours et partout. C'est très bien ainsi. Amen.

Il est juste et bon que tous les dirigeants de la terre s'inclinent pour toi et te rendent grâce, eux à qui tu donnes le privilège de régner ici. Amen.

Tant pis pour ceux qui s'abstiennent de Lui rendre grâce. Car si Haut soit le SEIGNEUR Souverain des univers, Dieu Notre Père, Il voit l'humble, Il reconnaît l'orgueilleux. Amen.

Je reconnais que si tu le veux, si je suis dans les tourments, tu m'en délivres. Tu ne m'abandonnes pas à mes ennemis, tu me retires de leur pouvoir, l'air de rien, et tu me renforces. A toi davantage respect, amour, fidélité, louange et gloire ici, maintenant, toujours et partout. C'est très bien ainsi. Amen.

Oui, je le reconnais ! Dieu Le SEIGNEUR peux tout. A ses yeux, ce qui nous dépasse est comme une goutte d'eau. Amen.

Voilà pourquoi, avec foi, je dis :

Ô SEIGNEUR Souverain des univers ! Dieu Tout-Puissant ! Saint Père-Créateur Bienveillant !

Humblement, je t'en supplie ! S'il te plaît ! Ne nous abandonne pas à ce que tu désapprouves. Mais aide-nous à nous en sortir dignement. C'est très bien ainsi pour ta Gloire, gage de l'équilibre universel, indispensable à notre bien-être. Amen.

« *Mon âme, bénis l'Éternel, et n'oublie aucun de ses bienfaits !* » (Ps. 103.2)

Et toi mon esprit, glorifie le Saint-Esprit, rappelle-toi toujours le Seigneur Jésus Christ, ses Étonnants Signes, son Précieux Enseignement, son Infini Amour. Médites-y et tiens compte de tout cela.

Amen. Amen. Amen.

EXODE : CHAPITRES 33,

AVEC DÉCRYPTAGE ET COMPRÉHENSION

Pour vous éclairer et vous aider à renforcer votre pouvoir de mieux agir pour vivre mieux et rendre sacré votre temps de présence dans ce monde, voyons quels messages vous sont destinés à cet instant.

Pour cela, après votre prière, vous pouvez :

- Commencer par la première page ci-après, et lire une ou deux pages tous les jours jusqu'à la fin, comme pour un livre ordinaire, mais celui-ci est bien plus.
- Soit, ouvrir par providence les pages suivantes. Ensuite, lire la page de gauche et de droite, et terminer par Messages d'Exode du même chapitre.

Je souhaite que l'Esprit de Dieu Tout-Puissant Notre Saint Père vous guide et vous inspire dès maintenant et toujours, afin de vous donner davantage d'occasions de devenir meilleur pour votre bonheur et pour l'honneur de son Saint Nom et de celui de son Merveilleux Saint Fils, Notre Seigneur Jésus Christ. C'est très bien ainsi.

Amen. Amen. Amen.

Exode 33.1 à 33.6 : Dieu commande à Moïse de se mettre en route : Texte littéral[8]

« 33.1 Le SEIGNEUR dit à Moïse : « En route, quittez ce lieu, toi et le peuple que tu as fait sortir d'Égypte. Allez dans le pays que j'ai juré à Abraham, à Isaac et à Jacob de donner à leurs descendants. Allez donc là-bas.

(...) »

Exode 33.1 à 33.6 : Décryptage & Compréhension

D'emblée, sur un plan personnel, Exode 33.1 à 33.6 évoque la manifestation de la voix du destin. Dieu Notre Père a préparé votre chemin et Il vous y accompagne. Si vous savez l'écouter, vous avancerez avec constance, malgré les obstacles et défis.

« En route, quittez ce lieu, ... » Au fond de vous, vous ressentez un appel, vous invitant à partir, à faire, à agir, à réagir, de ne pas rester sans rien faire. Vous entendez également les bons conseils qui vous sont destinés. Il se pourrait que ce soit le SEIGNEUR qui vous parle. Il vous parle de votre mission, de l'œuvre que vous avez à réaliser, de ce que vous avez à faire pour donner un sens crucial à votre vie, ou pour contribuer effectivement et garnir le compte de votre âme, illuminer votre aura.

---

8 Voir par exemple la Bible Parole de Vie – Alliance Biblique Universelle, et aussi AELF.

« ... toi et le peuple que tu as fait sortir d'Égypte. » Ici, il vous est demandé de vous munir de ce que vous avez appris jusqu'à ce jour, de vous servir de ce dont vous disposez. N'attendez donc pas que tout soit parfait. Sans précipitation, commencez avec ce que vous avez déjà. Les améliorations, l'avancement viendront au fur et à mesure que vous agirez.

« Allez dans le pays que j'ai juré à Abraham, à Isaac et à Jacob de donner à leurs descendants. Allez donc là-bas. » En d'autres termes, votre destin vous conduit ailleurs. Cela veut dire que ce que vous avez à faire pourrait être différent de ce que vous avez fait jusqu'ici. Ou ce que vous avez à matérialiser ne se situe pas à l'endroit où vous vous trouvez actuellement. Ou ce que vous avez à concrétiser vous demande encore beaucoup d'efforts avant d'obtenir un résultat satisfaisant.

Ce qui, toutefois, doit vous rassurer, est que tout cela est programmé. Il s'agit de réaliser quelque chose qui n'a rien de hasardeux. Mais qui est une promesse divine ayant largement précédé votre naissance.

> « 33.2 *J'enverrai mon ange devant vous. Je chasserai les Cananéens, les Amorites, les Hittites, les Perizites, les Hivites et les Jébusites.* »

Exode 33.2 vous laisse comprendre que vous ne serez pas seul. Vous serez sous la divine protection. Cette divine protection vous précède pour sécuriser votre chemin, neutraliser les dangers, et aussi pour abaisser les barrières afin de vous aider à gérer les obstacles et, enfin, pour assainir l'endroit.

« Je chasserai les Cananéens, les Amorites, les Hittites, les Perizites, les Hivites et les Jébusites. »

Exode 33.2 peut soulever la question suivante :

Pourquoi Dieu Bon chasse-t-il les uns pour installer les autres pas tellement méritants de surcroît ? La réponse à cette question est notamment donnée dans le Décryptage & Compréhension d'Exode 23.23.

Pour le surplus, il est certain que Dieu aurait pu simplement fertilisé le désert et y laisser s'installer les Hébreux. Il y a donc une raison de haute importance pour laquelle Il les mène vers une terre déjà occupée.

Quoi qu'il en soit, il est évident qu'Il n'a pas accepté que certaines de ses créatures se détournent de Lui tout en occupant une des meilleures terres... De plus, personne ne Lui a suggéré une autre solution. Les bénéficiaires se sont contentés d'accepter, et les déshérités n'ont pas demandé pardon, ni cherché à changer leurs décevantes attitudes.

> « 33.3 *Allez donc dans ce pays qui regorge de lait et de miel. Mais moi, je n'irai pas avec vous. En effet, vous êtes un peuple à la tête dure, et je risque de vous détruire en chemin.* »
>
> 33.4 *Quand le peuple entend ce message menaçant, il est très triste. Plus personne ne porte ses habits de fête.* »

« *Allez donc dans ce pays qui regorge de lait et de miel.* » Le lait et le miel représentent la douceur de vivre, ce qui est bon. Par sa nature, ce qui vous attend n'a rien de mauvais. Toutefois, nous savons que certaines personnes sont allergiques au lait et au miel. Elles ne digèrent dont pas le lait, et/ou le miel. En d'autres termes, certaines personnes n'aiment pas le bien.

Voir ou faire le bien vous fait quel effet ? Car ce qui vous est demandé c'est d'aimer voir et faire le bien. C'est d'aimer vivre dans le respect du bien. Et respecter le bien c'est respecter les Instructions de Dieu Notre Père, notamment les 10 Commandements.

« *Allez donc dans ce pays qui regorge de lait et de miel. Mais moi, je n'irai pas avec vous. En effet, vous êtes un peuple à la tête dure, et je risque de vous détruire en chemin.* »

Exode 33.3 nous laisse d'emblée comprendre qu'il est difficile de rester impassible face aux mauvais comportements. Dieu veut s'abstenir d'accompagner les Israélites pour éviter que leurs comportements le poussent à agir contrairement à sa réelle volonté.

Ce passage d'Exode nous enseigne que face à certaines situations, mieux vaut nous en éloigner pour éviter de perdre tout contrôle, à un moment donné, et de faire ce qu'il faut éviter.

« *Allez donc dans ce pays qui regorge de lait et de miel.*

Mais moi, je n'irai pas avec vous. En effet, vous êtes un peuple à la tête dure, et je risque de vous détruire en chemin. » Quand le peuple entend ce message menaçant, il est très triste. Plus personne ne porte ses vêtements de fête. »

En étudiant Exode 33.3 à 33.4, j'ai été prise d'une très grande émotion et les larmes m'ont inondé les yeux. J'ai saisi combien je suis capricieuse, mais surtout, combien je suis incrédule envers Dieu Notre Père qui ne cesse d'être avec moi. J'ai également mesuré mon impuissance face à moi-même. Parce qu'en vérité, je ne fais pas exprès. Non, les Israélites n'ont pas fait exprès de trahir Dieu, de désobéir à Dieu. Non ! Non ! Beaucoup d'entre nous ne font pas sciemment.

L'incertitude, sous forme de la peur du lendemain, la peur de ne pas être à la hauteur, de ne pas avoir, de ne pas réussir, mais aussi de souffrir, de mourir avant d'avoir fait, avant d'avoir dit, avant d'avoir vu..., nous hante et nous pousse à faire n'importe quoi, à trahir ceux et celles qui nous aiment, ceux et celles qui comptent sur nous. C'est évident, l'incertitude nous empêche de mener la vie que nous devons mener.

Alors oui, comme les Israélites, je suis saisie d'une grande tristesse entre mon désir de faire plaisir à Dieu, à ceux et celles qui m'aiment ou comptent sur moi, et ma faiblesse de constater que, parfois, je n'y arrive pas comme je le voudrais. Rien que l'idée que je ne pourrais ne pas y arriver, modifie mes émotions et me fait louper certains merveilleux instants de ma vie.

C'est l'incertitude qui, autrefois, avait eu raison d'Adam et Ève. En effet, s'ils avaient été certains des effets de leur acte, ils n'auraient peut-être pas cédé aux insistantes suggestions du Serpent. Mais l'incertitude nous pousse toujours à essayer, parce qu'en essayant, nous avons le cœur net. Seulement, avoir le cœur net n'est pas forcément meilleur que le flou de l'incertitude.

Ne soyez donc pas triste. Ou, plus précisément, acceptez la tristesse que vous occasionne l'incertitude et, également, acceptez-vous tel que vous êtes. En revanche, cherchez continuellement à vous améliorer et, également, cherchez à savoir davantage, dans le bon sens. Car même s'Il est offensé de nous voir le trahir encore et encore, le SEIGNEUR sait de quoi nous sommes faits. Il sait qui nous sommes parce que c'est Lui notre Créateur. Il ne nous a pas créés autrement.

En nous créant ainsi, Il s'est exposé au prix à payer. C'est-à-dire nous regarder, encore et souvent, avec une grande tristesse quand nous n'arrivons pas à le comprendre ou, plus précisément, quand nous n'arrivons pas à croire.

Parce que c'est là le véritable problème : nous n'arrivons pas à croire d'emblée que tout est bien fait et qu'il nous suffit d'obéir et d'agir de notre mieux, avec bienveillance.

Pourquoi, une telle incrédulité ? Parce que tout est possible.

C'est la seule véritable certitude qui nous habite, à cause de ce que nous avons entendu, vu et vécu. A cause de cette indélébile certitude, il nous est très difficile de croire que tout ira dans le bon sens simplement parce que nous obéissons et agissons de notre mieux.

Et parce que nous n'arrivons pas à croire ainsi, nous tentons de faire ce qui nous semble convenable pour rectifier le tir, injecter la solution. N'est-ce pas ce que Dieu Notre Père, Lui-même, fait parfois avec nous ?

Ne soyez donc pas triste. Du mieux que vous le pouvez, agissez avec bienveillance pour faire ce que vous devez faire, quand vous avez à le faire et comme vous pouvez le faire.

Pour le dénouement, la suite des évènements et pour votre vie, restez connecté afin de puiser les forces et les inspirations dont vous avez besoin. Restez connecté pour vous ressourcer, pour vous régénérer. Et le SEIGNEUR, Dieu plein d'Amour, vous tiendra la main, ou vous donnera un coup de pouce s'Il l'estime nécessaire. Parce qu'à travers votre action, vous l'aurez invité dans votre vie.

Toutes les fois qu'il vous arriverait de croire avoir été abandonné par le SEIGNEUR, vous aurez à vous rappeler que c'est l'incertitude qui vous manipule quand vous ne voyez pas venir ce que vous attendez. Alors, à ces moments-là tout particulièrement, priez Dieu, suppliez-le pour vous aider à gérer la situation, pour vous aider à continuer à croire en Lui et en l'accomplissement de votre programme, tant que vous demeurez actif ou active.

En attendant, si malgré tout le sentiment d'incertitude vous perturbe, alors dirigez le regard au fond de vous-même et dites simplement : « *Si tu doutes autant, c'est que je peux faire largement mieux. Alors montre-moi et que ce soit largement mieux, autrement laisse-moi agir en paix.* »

Le plus important, donc, est d'agir tout en restant connecté au SEIGNEUR. C'est-à-dire en faisant de votre mieux, ce que vous devez faire, au moment où vous avez à le faire et, uniquement, avec les moyens dont vous disposez.

Pour le reste, acceptez ce qui se passe, afin que ce qui doit arriver, arrive. Accepter ne veut pas dire croiser les bras, ni se résigner. Mais c'est de continuer d'agir, dans le sens des inspirations qui vous parviennent, des signes que vous recevez, en évitant, tant que possible, les pièges des fausses inspirations et des leurres. C'est ainsi que, ce qui se passe, passe, et ce qui doit arriver finit par se présenter.

Pour le principal, Exode 33.1 à 33.2 nous révèle l'une des raisons pour lesquelles Dieu Notre Père ne se montre plus aux côtés des êtres humains. Est-ce pour autant qu'Il nous a abandonnés ? Certainement pas.

Exode 33.1 à 33.2 nous prouve qu'Il ne nous a pas abandonnés, qu'Il continue de prendre soin de nous, de chacun et chacune de nous. Il continue de nous guider, de nous assister, de nous secourir.

Voilà pourquoi, au fond de vous, vous pouvez être animé par un désir d'aller là où Il a prévu de vous envoyer, de faire ce qu'Il a prévu de vous aider à accomplir. A cela s'ajoute les bons conseils qui vous sont destinés. Toutefois, précise-t-Il, Il ne peut vous accompagner, personnellement, pour éviter de vous supprimer.

En d'autres termes, vous verrez les manifestations de Dieu Notre Père sur votre parcours. Vous aurez son assistance, son secours, vous verrez les manifestations de sa présence. Mais vous ne le verrez pas comme vous le voudriez. Parce que, comme un enfant entêté et récalcitrant, vous risquez d'attirer une fatale colère sur vous.

« *Quand le peuple entend ce message menaçant, il est très triste. Plus personne ne porte ses habits de fête.* » En d'autres termes, quand le peuple mesure les conséquences de la déception qu'il a causée à Dieu, il renonce d'afficher l'attitude décevante. Il laisse ses vêtements de fête pour faire le deuil de son décevant comportement, tourner la page et aller de l'avant.

Entreprenez, vous aussi, à changer ce qui vous empêche d'être la personne que vous avez à être devant Dieu Notre Père. C'est l'un des messages que vous livre Exode 33.4. Est-ce que cela va être facile ? Evidemment pas. Mais en vous entraînant, vous vous disposez à y parvenir au moment où vous ne vous y attendrez point. Parce qu'en faisant de réels efforts, on devient performant au moment inattendu.

Pour le reste, quand quelqu'un fait de réels efforts pour faire plaisir au Père, le Père l'aide. Oui, quand un enfant fait des efforts pour faire ses premiers pas, il reçoit souvent l'aide de son père ou de sa mère.

Le plus important est donc de manifester votre réelle volonté de progresser, de devenir meilleur et, le moment venu, Dieu plein d'Amour vous aidera.

Ne vous fixez donc pas de limites à vos tentatives d'essayer encore et encore de vous améliorer, parce que seul Dieu connait le moment pour vous donner la main.

En effet, quand l'enfant fait ses pas, il tombe, se relève, ainsi de suite, sans jamais se préoccuper du moment où son père ou sa mère viendra l'aider. Cette attitude lui laisse la conscience libre, non accaparée par l'attente d'aide. Voilà pourquoi il vit sa vie avec légèreté, en faisant ce qu'il a à faire.

> « 33.5*En effet, le SEIGNEUR avait dit à Moïse : « Dis aux Israélites : "Vous êtes un peuple à la tête dure. Si je vous accompagnais un seul instant, je risquerais de vous détruire. Maintenant, mettez de côté vos vêtements de fête, je verrai ensuite ce que je dois faire."* »
>
> 33.6*A partir du mont Horeb, les Israélites cessent de porter leurs habits de fête.* »

Exode 33.5 à 33.6 évoque les mots ou les actes qui nous déclenchent une prise de conscience ; il évoque ce qui nous pousse à comprendre que nous avons dépassé les limites, que nous avons poussé le bouchon trop loin. Sans ces poignants mots, ou sans certaines douloureuses épreuves, nous continuerions d'agir dans le sens opposé à notre destin, tout en nous persuadant bien faire ou, à tout le moins, tout en croyant faire ce qu'il faut pour résoudre notre problème, satisfaire un légitime besoin.

En effet, il convient de rappeler que la faute commise par les Israélites est d'avoir fabriqué un veau d'or. Et ils ont fabriqué ce veau d'or à cause de l'incertitude. Ils ont donc eu peur de se retrouver seuls, sans Dieu. Alors, ils se sont fabriqué un dieu qui soit toujours visible à leur côté et ils l'ont honoré.

Sans doute, les Hébreux ont répondu à un légitime besoin de protection et des grâces qu'offre un dieu, sans se rendre compte que cet acte pouvait les égarer de Dieu et de ce qu'ils recherchent véritablement.

Ne vous laissez donc pas tomber dans les pièges que l'incertitude ne manque pas de tendre sur votre chemin.

« A partir du mont Horeb, les Israélites cessent de porter leurs habits de fête. » En d'autres termes, à partir de maintenant, donc à partir de votre prise de conscience, ne faites plus comme si vous ne saviez rien. Faites véritablement ce que vous devez faire.

En effet, que pouvait faire les Israélites, autre que de cesser de porter ces vêtements qui rappelaient désormais la faute commise. N'avez-vous jamais eu envie de mettre de côté, ou même de vous séparer définitivement de ce qui vous rappelle un mauvais souvenir ? C'est souvent la seule attitude logique à adopter afin de tourner la page et d'aller de l'avant.

Toutefois, tourner la page ne fait pas oublier, et ne doit pas faire oublier afin d'éviter de reproduire la même erreur, et aussi pour éviter de connaître le même type de déception ou subir le même type de souffrance.

Messages d'Exode 33.1 à 33.6, notamment pour vous qui êtes dans une situation difficile, mais aussi pour vous qui espérez une suite favorable : il se pourrait que vous soyez attiré par le mystère, par un appel intérieur devenu de plus en plus insistant. N'hésitez pas de prier, parce que la Prière est votre Accord pour aller vers ce pourquoi vous êtes appelé.

Mes ouvrages « *Prières Secrètes de Pouvoir pour la Réussite et/ou Prières Secrètes de Pouvoir contre Peines et Déceptions* » parus aux Editions Bussière, peuvent vous aider. Car il s'agit de Prières et Manifestes pouvant vous conduire à votre réelle place, tout en tenant compte de vos besoins mais aussi de vos doutes.

Exode 33.7 à 33.11 : Le SEIGNEUR parle avec Moïse dans la tente de la rencontre : Texte littéral[8]

« 33.7 Quand les Israélites installent leur camp, Moïse prend la tente sacrée et la dresse en dehors du camp, assez loin. On l'appelle « la tente de la rencontre ». Tous ceux qui désirent consulter le SEIGNEUR sortent du camp et ils vont vers cette tente.

(...)

33.11 Le SEIGNEUR parle avec Moïse, face à face, comme un homme parle avec un autre homme. Puis Moïse revient au camp, tandis que son jeune serviteur Josué, fils de Noun, reste dans la tente sacrée. »

Exode 33.7 à 33.11 : Décryptage & Compréhension

La tente sacrée évoque la maison de Dieu, le temple, l'église, plus généralement tout lieu aménagé et consacré à Dieu.

Exode 33.7 évoque le droit, voire le devoir, pour les croyants et croyantes en Dieu, de bâtir là où ils s'installent, un lieu consacré à Dieu, afin d'inviter Dieu, à cet endroit, parmi eux.

Il est, toutefois, évident que dans certains coins de la planète cela peut être problématique. Dans ce cas, faites-le discrètement là où vous pouvez, dans votre propriété ou dans votre domicile, afin de garder en vous le feu sacré de la foi en Dieu Notre Père.

Le fait d'avoir un lieu consacré à Dieu, manifeste

l'importance que nous accordons à Dieu. Alors oui, il est bon de rénover les églises, et d'en construire là où il en manque.

> « 33.8*Chaque fois que Moïse s'y rend, tout le monde se lève, chacun se tient à l'entrée de sa tente et regarde Moïse jusqu'à ce qu'il entre dans la tente sacrée.* »

Exode 33.8 évoque le respect qui anime les Israélites à ce moment-là. Chacun, laissant ses occupations ou son activité, se levant et en se tenant à l'entrée de sa tente pour regarder Moïse jusqu'à ce qu'il pénètre dans la demeure sacrée, marque un profond respect pour l'acte de rencontre avec Dieu. Ainsi, à l'unisson à travers Moïse, les Israélites rencontrent Dieu.

Alors oui ! Laisser votre occupation ou votre activité, pour consacrer un moment à Dieu Notre Père, est une marque de respect qu'Il peut valoriser à un moment donné.

La question, qu'Exode 33.8 soulève dans notre esprit est la suivante :

Pourquoi Moïse seul pénètre dans la tente de la rencontre ? La réponse immédiate est : parce que c'est lui seul qui est à même de rencontrer Dieu. Lui seul a reçu l'autorisation de l'y rencontrer.

Exode 33.8 nous laisse comprendre qu'individuellement à cette étape, les Israélites ne peuvent pas rencontrer Dieu, mais uniquement à l'unisson et par l'intermédiaire de Moïse. C'est donc Dieu, Lui-même, qui choisit son invité, la personne en mesure de le rencontrer.

Sur un plan personnel, si vous voulez *rencontrez* le SEIGNEUR, passez par l'une des personnes consacrées. En attendant, n'hésitez pas de vous joindre à ceux et celles qui croient en Lui, en participant régulièrement à la Messe avec un cœur tourné vers Lui, animé du désir de plaire à Dieu. C'est souvent la première étape pour, un jour, entrer en contact avec Lui, par un moyen indéfinissable à l'avance.

« *... chacun se tient à l'entrée de sa tente et regarde...* » Ce passage de la Bible vous invite, vous aussi, à regarder comment font ceux et celles qui, en vérité, obéissent et servent fidèlement Dieu. Mais ce n'est pas tout. Puisque l'apprentissage commence par l'observation, ce passage vous invite à amener vos enfants avec vous à la Messe, pour semer en eux les graines de la foi en Dieu.

> « *33.9 Une fois Moïse à l'intérieur, la colonne de fumée descend se placer à l'entrée de la tente, et le SEIGNEUR parle avec Moïse.* »

Exode 33.9 évoque d'emblée la manifestation de la Présence de Dieu à travers un signe visible, mais non saisissable. Ce passage d'Exode nous rappelle le buisson de feu, non brûlant, à travers lequel Moïse avait eu son premier contact avec Dieu. Il s'agit donc de signes visibles par des témoins, mais non transportables à d'autres personnes.

« *... la colonne de fumée descend se placer à l'entrée de la* *tente,* » comme pour maintenir tous les autres Israélites à distance, les empêcher d'entrer. Lors de leur première rencontre, quand Dieu a vu Moïse essayer de contourner le buisson afin de mieux voir, Il lui a dit : « *N'approche pas du buisson ! ...* »

Ce qui caractérise ces signes c'est la frontière qu'ils marquent expressément entre Dieu et nous.

Pourquoi cette frontière ? La réponse évidente est : parce qu'une frontière a toujours pour rôle de préserver les deux côtés, et davantage le côté de ceux et celles qui sont vulnérables en l'absence de frontière. Dieu est Puissant, Il vient d'un autre univers. L'approcher physiquement, sans être préparés, peut nous être autant fatal que le contact des premiers colons avec des peuples indigènes.

Dieu maintient donc la frontière entre nous et Lui pour nous protéger, parce que nous sommes fragiles. Il y a certaines températures, certaines substances, certaines énergies qui nous sont fatales. Il émane de Dieu une force que nous ne pouvons supporter, sauf à être préalablement préparés sur tous les plans.

> « 33.10 *Dès que les Israélites voient la colonne de fumée s'arrêter à l'entrée de la tente de la rencontre, chacun d'eux s'incline respectueusement et se met à genoux à l'entrée de sa tente.* »

Exode 33.10 nous laisse comprendre que le plus important

n'est pas de voir Dieu personnellement, ni de l'approcher physiquement. Le plus important est d'accéder à ce qu'Il peut nous aider à concrétiser pour vivre notre vie tout en Lui demeurant précieux et précieuses. Parce qu'en Lui demeurant précieux et précieuses, nous Lui donnons une réelle motivation de continuer de nous aider, et nous secourir en temps de besoin. Voilà pourquoi les Israélites restent chacun devant sa porte et l'honorent, chacun depuis sa place.

Par l'attitude des Israélites décrite dans Exode 33.10, la Bible nous apprend à honorer Dieu à la place qui est la nôtre. Nous n'avons donc pas besoin de devenir quelqu'un de plus puissant, de plus honnête, de plus riche pour montrer notre respect et notre amour à Dieu. Nous avons simplement à le faire là où nous sommes, notamment quand nous en voyons un signe. Et les signes ne manquent pas. Au contraire, de nos jours ils sont plus nombreux qu'autrefois.

C'est sûr, si Dieu ne se montre plus comme autrefois, en revanche, ses signes sont plus nombreux et variés qu'autrefois. Et parce que s'incliner jusqu'à se mettre à genoux n'est qu'une étape pour se reconnaître devant la Puissance d'en Haut, il convient d'être plus explicite.

Alors personnellement, je ne manque pas de m'incliner très souvent jusqu'à terre, c'est-à-dire de faire intégralement ce que j'ai à faire, éviter ce que je dois éviter, pour Lui être agréable.

Mais pourquoi donc j'aime être agréable à Dieu ? La réponse évidente est : parce que j'aime faire le bien. Et parce que faire le bien me fait du bien, être agréable à Dieu me fait un bien que je ne saurais décrire. Je suis cependant à même d'affirmer que c'est un bien sans moindre effet secondaire, un bien à ma portée à chaque instant, dès l'instant où je ne me laisse pas aveugler par les déceptions en moi et autour de moi.

Reprenons le fil.

> « [33.11]*Le* SEIGNEUR *parle avec Moïse face à face, comme un homme parle avec un autre homme. Puis Moïse revient au camp, tandis que son serviteur, le jeune Josué, fils de Noun, reste dans la tente sacrée.* »

« *Le* SEIGNEUR *parle avec Moïse face à face, comme un homme parle avec un autre homme.* »

Exode 33.11 évoque surtout les rares personnes avec lesquelles Dieu a choisi de parler en vis-à-vis. Pourquoi ces personnes et pas d'autres ?

La réponse immédiate est : pourquoi pas ces personnes, pourquoi d'autres et pas elles ? Dieu seul sait la raison exacte.

Cependant, nous pouvons croire que celles-là sont prêtes, qu'elles ont surtout quelque chose de spécial pour ce faire. Tout le monde n'est donc pas pareil. Chacun de nous est différent, avec un rôle différent tant devant Dieu que parmi les êtres humains.

Seulement, aussi réel que cela l'est pour Moïse, il n'appartient pas à l'homme de décider de la place de son prochain. Chacun, chacune, doit suivre l'élan de son cœur, qui lui indique sa véritable place, son véritable rôle.

Vous rappelez-vous que Moïse n'a pas pu s'en tenir au rôle de prince d'Égypte, le destin lui ayant réservé le rôle de guide des Hébreux !

Ne vous en tenez pas au rôle ou fonction que vous dicte la société ou quiconque. Ne résistez pas trop à votre destin. Pourquoi pas trop ? Tout simplement parce que tous les appels ne sont pas forcément ceux de votre destin, mais parfois la déroute. Ne foncez donc pas vers un appel ou une impulsion qui vous pousserait à enfreindre les Instructions de Dieu, ou vous obligerait à subir votre vie.

Votre destin n'est pas de subir injustement, ni de faire subir injustement autrui. Si vous estimez qu'autrui mérite de subir, confiez cette tâche à Dieu Notre Père, comme un enfant confie à son père un litige entre lui et son frère ou sa sœur ; confiez cette tâche à la justice, comme un bon citoyen s'en remet à la justice de sa nation et, les hommes étant corruptibles, priez Dieu pour que justice vous soit rendue.

Si toutefois justice ne vous est pas rendue comme vous estimez le mériter, alors soyez patient parce que la justice divine ne précipite rien. Et c'est bien ainsi, parce que personne n'aime se voir condamner vite fait.

« Puis Moïse revient au camp, tandis que son serviteur, le jeune Josué, fils de Noun, reste dans la tente sacrée. »

Exode 33.11 peut soulever la question suivante :

Pourquoi Moïse seul revient, et non pas Josué, son serviteur ?

La réponse immédiate est : par la retenue de Josué dans la tente sacrée, Dieu manifeste encore son choix, pour lequel les raisons nous échappent toujours.

En effet, pourquoi retenir Josué et non Moïse ? Nous pouvons penser que Moïse a à faire dans le camp, à ne point rester trop longtemps absent des yeux des Israélites qui pourraient à nouveau craindre ne le voir revenir et faire n'importe quoi.

A partir de cette idée, une autre des réponses est que Josué n'a pas fini sa tâche. En effet, même s'il est le serviteur de Moïse, il est avant tout au service de Dieu. Aussi il peut avoir des tâches que Dieu lui confie personnellement, ou une transformation que Dieu opère en lui.

Ce passage d'Exode 33.11 nous laisse essentiellement comprendre que, quel que soit notre rôle envers notre supérieur hiérarchique ou envers notre famille, Dieu peut nous confier une tâche particulière à passer en priorité. Dans ce cas, Il nous donne aussi le moyen de le passer, prioritairement, sans avoir à offenser injustement notre supérieur hiérarchique ou notre famille.

En effet, le fait que Josué soit resté dans la tente sacrée n'a pas affecté Moïse, ni la famille de Josué.

Messages d'Exode 33.7 à 33.11, notamment pour vous qui traversez une période difficile, mais aussi pour vous qui espérez une suite réjouissante : vous avez à affirmer ou à renforcer votre foi en Dieu Notre Père, en suivant ce que vous dit votre *cœur* et en méditant sur la foi de ceux et celles qui croient en Lui, sans complexe. Un mot, une phrase, une affirmation, un acte, va produire en vous des étincelles pour embraser votre foi. Vous avez à entretenir efficacement ces étincelles pour passer à une autre étape de conscience.

D'ores et déjà, n'hésitez pas de méditer sur les raisons de votre présence dans ce coin de l'univers. N'hésitez pas, non plus, de prier humblement Dieu Notre Père de vous guider et vous aider à vous accomplir, en douceur.

Dans tout cela, vous avez le Seigneur Jésus Christ, un Défenseur sur lequel vous pouvez compter, la Sainte Vierge Marie, Saint Joseph, bref tous les Membre des Forces du Bien.

Alors non ! Vous n'êtes pas seul.

Exode 33.12 à 33.23 : Moïse prie Dieu pour le bon accomplissement de sa Mission : Texte littéral[8]

« 33.12Moïse dit au SEIGNEUR : « Écoute, SEIGNEUR ! Tu m'as commandé de conduire ce peuple, mais tu ne m'as pas fait connaître qui tu veux envoyer pour m'aider. Pourtant, c'est toi qui m'as dit : " Je te connais par ton nom", et aussi : " Je te montrerai ma bonté."

33.13Et maintenant, puisque tu es bon pour moi, fais-moi connaître ce que tu veux. Ainsi je te connaîtrai vraiment et je profiterai pleinement de ta bonté. N'oublie pas que ce peuple, c'est ton peuple. » (...)

Exode 33.12 à 33.23 : Décryptage & Compréhension

Préalablement, Exode 33.12 à 33.13 dépeint une scène où Moïse expose clairement à Dieu tant son souhait que sa disposition. Ce passage, évoquant le type de formulation des prières que Dieu exauce facilement, livre l'un des messages suivants :

Quand vous priez Dieu, ne faites pas semblant, ne maquillez pas votre souhait, soyez clair. En d'autres termes, demandez-Lui, clairement, ce dont vous avez besoin et disposez-vous, en revanche, à faire le bien, c'est-à-dire ce qui plaît à Dieu.

Et, contrairement à ce que certains guides sanguinaires prétendent, Dieu n'aime pas du tout la violence. Il n'attend pas de nous des actes de violence envers les gens, de surcroît, non violents. Il attend de nous des actes de bienveillance et de sainteté pour témoigner de sa Bonté et de sa Sainteté.

Moi, qui aime prier Dieu dans toutes les circonstances, la pertinence des paroles de Moïse, en particulier dans ce passage, ne manque pas de susciter en moi le désir d'adresser à Dieu Notre Père la prière ci-après :

Prière :

Éternel, ô Éternel, mon Dieu !

J'ai appris que tu es Bon pour moi aussi, et je le crois.

J'ai appris que tu es Miséricordieux pour moi aussi, et je le crois.

J'ai appris que tu es un Dieu Bienveillant, et je le crois.

Maintenant, puisque tu es Bon, Miséricordieux et Bienveillant pour moi aussi,

Je t'en supplie ! Daigne m'indiquer distinctement ce que tu veux que je fasse pour alimenter la confiance en toi, et aide-moi à l'accomplir, tout en me faisant jouir pleinement de ta bonté, de ta miséricorde et de ta bienveillance, afin d'alimenter davantage la confiance en toi.

D'ores et déjà, je te dis, ô Dieu d'Abraham, Dieu d'Isaac, Dieu de Jacob, Dieu de Moïse, Dieu de Marie, la mère de Jésus Christ ton Messie mon Sauveur. Merci pour tout. Tu es Béni ! A toi davantage respect, amour, fidélité, louange et gloire. Alléluia ! Amen ! Amen !

Pour le principal, Exode 33.12 à 33.15 dépeint une scène où Moïse motive Dieu à tenir sa promesse. Alors, il défend les Israélites comme un excellent avocat défend son client. Mais derrière cette percutante défense, se cache l'ardent désir qui anime Moïse de mener à bien la mission que Dieu lui a confiée.

« Tu m'as commandé de conduire ce peuple, mais tu ne m'as pas fait connaître qui tu veux envoyer pour m'aider. »

Exode 33.12 évoque d'emblée le moment où, face à une tâche importante, nous nous tournons vers notre chef, pour lui demander de l'aide, c'est-à-dire les moyens pour mieux accomplir le travail demandé.

Ici le moyen sollicité par Moïse est un être compétent, capable de l'aider au cours de sa mission. Mais Moïse a une idée précise. Il cherche à faire venir Dieu Lui-même à leur côté, comme Il le lui avait promis. Il ne veut pas se contenter d'un ange. Pourquoi ? Parce que Dieu lui avait promis de les accompagner. Si donc à cause du comportement des Israélites Il renonce, pourquoi Moïse, lui continuerait ? Après tout c'est Dieu qui lui a confié cette mission !

Quand vous êtes quelqu'un de compétent, le meilleur dans votre domaine, vous êtes en droit d'exiger et d'obtenir ce dont vous avez besoin pour bien faire votre travail. Autrement, n'acceptez pas. N'acceptez pas parce que vous êtes en position de force. Seulement, sachez trouver les mots qui touchent le cœur de votre patron, de votre chef, de celui ou celle pour qui vous travaillez, afin de le motiver à vous les donner de bon cœur.

D'une manière générale, Exode 33.12 à 33.15 vous laisse comprendre que, quand vous travaillez pour quelqu'un, il a le devoir de mettre à votre disposition les moyens dont vous avez besoin pour réaliser ce qu'il vous demande.

De même, vous qui œuvrez pour la cause divine, vous êtes en droit de Lui demander les moyens dont vous avez besoin pour accomplir votre mission. En effet, pour la construction du lieu sacré, Dieu s'était assuré que les Israélites aient tout ce dont ils avaient besoin.

Alors, maintenant qu'Il commande à Moïse de se mettre en route, Moïse ne manque pas de Lui demander une personne apte à l'aider, et ce d'autant que le SEIGNEUR, à cause du comportement des Hébreux, lui a annoncé qu'Il ne les accompagnerait pas. (C'est dans Exode 33.3)

Effectivement, à cause du comportement d'autrui, vous risquez souvent de ne pas accéder à ce dont vous avez besoin, à ce que vous méritez. Dans ce cas, comme Moïse, n'hésitez pas de prier pour obtenir l'aide dont vous avez besoin, les moyens dont vous avez besoin pour agir, pour accomplir votre mission.

Est-ce que le SEIGNEUR va vous les accorder ? Nul ne le sait, mais il y a de fortes chances qu'Il vous exauce, s'Il l'estime nécessaire. Parce que sa bonté n'est pas une fiction, mais une réalité. A vous seulement d'arriver à accepter l'aide qu'Il vous proposera, au travers de qui ou ce qui vous sera accessible et disponible.

"Je te connais par ton nom" et aussi : "Je te montrerai ma bonté."

La bonté dont Moïse rappelle ici est la Présence de Dieu à leur côté. Moïse fait ce rappelle parce qu'à cause de l'offense commise par les Israélites, Dieu avait renoncé de les accompagner. Alors, Moïse entame un long et percutant plaidoyer pour convaincre le SEIGNEUR de les accompagner, comme Il le lui avait promis.

Sur le plan matériel, Exode 33.12 évoque la récompense pour laquelle nous œuvrons. Parce qu'en vérité, il n'y a rien pour rien, ni rien par rien, œuvrer sans reconnaissance, sans récompense ne suscite aucune motivation, ne produit aucune saveur et, surtout, ne donne aucun sens à la vie ni à l'œuvre en question.

Aussi, Exode 33.12 nous laisse comprendre que derrière les actions de bienveillance, les interventions altruistes, niche un plaisir personnel ou, mieux encore, le désir d'une récompense suprême. Et c'est tout à fait normal. C'est tout à fait légitime. Autrement, à quoi bon !

Aussi, à un moment donné, nous éprouvons légitimement le besoin de rappeler à Dieu notre place dans sa création par la récompense attachée à nos actes. C'est vrai qu'après avoir avancé sur le chemin de notre destin, nous avons besoin de précisions et des moyens, afin de poursuivre.

Alors, Dieu écoute attentivement Moïse et Il lui répond favorablement.

En ce qui concerne Moïse, les déclarations : "*Je te connais par ton nom*" *et aussi* : "*Je te montrerai ma bonté.*" sont une faveur. Et Moïse a raison. C'est une immense faveur de se faire distinguer parmi des milliards d'individus sur terre, par des bons actes, en œuvrant dans le camp des Forces du Bien, pour alimenter l'Énergie du Bien. Une telle distinction ne peut manquer de générer une faveur particulière au-delà des siècles.

Dieu écoute attentivement, Il observe attentivement, Il récompense distinctement, généreusement. N'hésitez donc pas d'agir avec bienveillance, pour faire circuler l'image de Dieu à travers vos bonnes actions et, naturellement, n'hésitez pas de Lui rappeler sa bonté envers vous, la récompense attachée à la bonne action que vous avez faite.

Pour le reste, soyez patient, car Lui seul sait quand et comment vous répondre, comment vous récompenser afin de vous motiver à poursuivre, et pour motiver davantage d'autres personnes à travers votre exemple tant vis-à-vis de Lui, que Lui vis-à-vis de vous.

Un autre regard sur Exode 33.12 soulève la question suivante :

Qu'est-ce que Moïse a, de particulier, pour que Dieu lui déclare, face à face, « *Je te connais par ton nom.* » ?

La réponse ordinaire est : Dieu connait chacun et chacune de nous par son nom. Tout comme Il connaît Aaron par son nom, ou Bessalel, fils d'Ouri et petit-fils de Hour, pour ne citer que ceux-là. Cette énumération nous laisse comprendre qu'Il retient les noms de certains et certaines plus que d'autres, notamment par leur engagement dans son œuvre.

La question que chacun et chacune de nous peut se poser est la suivante : et moi, qu'est-ce que je fais ou qu'est-ce que je peux faire, en bien, de bien, qui puisse donner à Dieu la fierté de me dire : « *Je te connais par ton nom !* » ?

Si vous réussissez à le savoir, alors faites-le et vous entendrez, au fond de vous, ou à travers d'autres manifestations, Dieu vous faire des déclarations, souvent, autres que celles faites à Moïse ou à d'autres personnes. Parce que chacun et chacune de nous est différent, la réponse de Dieu est différente pour chacun et chacune de nous.

La difficulté sera de comprendre que vous avez eu la réponse de Dieu. Parce qu'en vérité, Il vous donne souvent des réponses, sans que vous vous aperceviez que ces réponses viennent de Lui. Et c'est tant mieux, parce que le monde, aussi, vous donne des réponses que vous risquez de prendre pour des réponses de Dieu, alors que tel n'est pas le cas.

> « [33.13]*Et maintenant, puisque tu es bon pour moi, fais-moi connaître ce que tu veux. Ainsi je te connaîtrai vraiment et je profiterai pleinement de ta bonté. N'oublie pas que ce peuple, c'est ton peuple.* »

Exode 33.13 peut nous laisser comprendre que pour connaître Dieu et bénéficier davantage de sa faveur, donc de sa bonté, il convient de commencer par savoir ce que nous, nous pouvons faire pour Lui. Et c'est logique.

Si vous souhaitez obtenir une faveur de votre patron, vous devez nécessairement savoir ce que vous pouvez faire pour lui. Vous ne commencez donc pas par lui demander de vous faire une faveur avant d'avoir fourni un travail qui lui fait plaisir, ou avant de lui donner l'assurance que vous allez faire le travail pour lequel il vous a embauché.

Les personnes reconnaissantes savent qu'avoir un travail c'est déjà une faveur. Votre patron, en vous choisissant parmi tant d'autres candidats et candidates, vous fait une faveur. Bien sûr, vous aussi, acceptant de travailler pour lui parmi tant d'autres employeurs, vous lui faites une faveur.

Mais cette phase passée, tant votre patron que vous-même, vous avez à vous investir dans l'ouvrage qui vous réunit. Naturellement, en bon employé, vous ne manquez pas de chercher encore à savoir ce que votre patron attend de vous. Et vous savez qu'en faisant ce qu'il attend de vous, vous montez dans son estime et bénéficiez davantage de sa faveur.

Naturellement, tout ceci, s'il ou elle est un bon patron. Il en va de même pour renforcer les relations entre parents et enfant. A un moment donné, c'est à l'enfant de dire : *« que puis-je faire pour mes parents pour leur prouver mon amour, et profiter pleinement de leur amour. »*

Chacun et chacune de nous a à se poser ce type de question dans sa relation avec l'autre. En effet, ce type de question nous pousse à faire de notre mieux pour renforcer les liens qui nous sont chers.

Revenons à Moïse. Il ne demande pas ce que Dieu peut faire pour lui, mais ce que lui, Moïse, peut faire pour Dieu.

N'est-ce pas prétentieusement merveilleux ? Il ne demande donc pas à Dieu de lui donner ceci, ou de lui faire cela. Il lui demande clairement, lui Moïse, ce qu'il peut faire pour Dieu Tout-Puissant ! Il ne demande pas cela parce que Dieu en est incapable, ni parce qu'il serait meilleur que Dieu, mais seulement pour le *« connaître vraiment et bénéficier pleinement de sa faveur. »*

Exode 33.13 nous laisse comprendre que nous pouvons

véritablement connaître Dieu et bénéficier pleinement de sa faveur à travers notre engagement dans son œuvre, à travers nos actes qui alimentent la confiance en Lui.

Aussi vrai que pour connaître Satan et profiter de sa faveur, il faut faire des mauvaises choses, aussi vrai que pour connaître Dieu et bénéficier davantage de sa faveur, il faut faire des bonnes choses.

La différence est énorme, puisqu'avec Satan nous régressons vers les ténèbres en favorisant un monde mauvais, tandis qu'avec Dieu nous nous élevons vers la lumière en favorisant un monde meilleur.

La question est donc : quel monde souhaitez-vous pour les peuples de la terre ? Quel monde souhaitez-vous pour vos enfants, pour vos parents, pour les vôtres... ?

Si vous souhaitez un monde meilleur, demandez à Dieu Notre Père ce que vous pouvez faire pour Lui et faites-le. Car ce qui vous distingue de tous les autres, c'est notamment ce que vous faites.

Sur le plan personnel, déjà c'est une merveilleuse grâce, le fait de pouvoir agir, de pouvoir travailler alors que des millions de personnes sont immobilisées. C'est une grâce d'avoir une mission, alors que des millions de personnes se limitent à exister.

Et, surtout, c'est vraiment un privilège d'avoir Dieu pour Patron, alors que des milliards de personnes croulent sous des ordres des patrons et patronnes plus ou moins justes. N'hésitez pas de chercher votre vocation, et de prier humblement Dieu de vous aider à l'accomplir.

Il est certain que, par moment, vous aurez envie de tout laisser tomber, parce que le monde fait tout pour vous noyer dans les désirs qui servent davantage l'avidité que votre bien-être. Retenez seulement que ce que vous offre le monde est éphémère et ne pourra jamais vous combler.

En revanche, le rôle que vous jouez, par des actes qui valorisent le nom de Dieu en alimentant l'Énergie du Bien, peut vous rendre libre tout en vous procurant un réel bien-être.

Votre rôle, à travers vos actes, peut être impactant au point de générer l'inscription de votre nom dans le Fameux Livre que Dieu tient. Il ne tient aucun Livre excluant arbitrairement les unes et les autres. Il tient un livre qui ventent les mérites des uns et des autres.

Au-delà de toutes vos préoccupations, demandez véritablement à Dieu Notre Père ce que vous, aussi, vous pouvez faire pour Lui. Non pas pour gagner des millions, vivre comme un pacha, tout cela est vraiment très éphémère, mais pour figurer sur une des lignes de son Livre Consacré.

C'est vraiment là la meilleure progression que vous pouvez obtenir au niveau universel. Parce que toute personne qui arrive à figurer dans ce Livre, accède à un rang autre que celui du commun des mortels. L'histoire de Moïse, et de ses acolytes (Aaron, Bessalel, Hour, Josué, Miriam, Chifra et Poua, Oholiab ... Amram, Yokébed, Jéthro, Séfora, et bien d'autres), en est une preuve irréfutable.

N'hésitez donc pas de demander à Dieu ce que vous pouvez faire, dans ce monde, en son honneur, pour favoriser l'expansion du Bien, la confiance en Dieu.

C'est là une faveur au-dessus de toutes les faveurs du monde, de compter parmi ceux et celles qui agissent dans le camp des Forces du Bien, dans le camp de celles et ceux qui œuvrent en bien pour faire briller le nom de Dieu, faire connaître sa bonté, inspirer la confiance en Lui.

Pour cela, faites seulement, en votre âme et conscience, ce que vous pouvez, quand vous le pouvez, avec les moyens à votre disposition, et soyez en paix.

En effet, chacun et chacune de nous peut accomplir sa mission, et faire honneur à Dieu Notre Père, à partir de sa situation, en répondant à l'appel intérieur pour des interventions ponctuelles ou stables.

« *Et maintenant, puisque* j'ai ta faveur, *fais-moi connaître ce que tu veux. Ainsi je te connaîtrai vraiment et je profiterai pleinement de ta bonté. N'oublie pas que ce peuple, c'est ton peuple.* »

Exode 33.13 soulève la question suivante :

Est-ce qu'à ce stade Moïse ignore ce que Dieu attend de lui ?

Bien sûr que non ! Il sait ce que Dieu attend de lui. En revanche, il vient seulement de prendre pleinement conscience que c'est un privilège, le fait d'œuvrer pour Dieu.

Alors, cette fois-ci ce n'est pas Dieu qui lui demande, mais c'est lui qui demande à Dieu ce que Dieu veut.

Incontestablement, la demande formulée par Moïse dans Exode 33.13 est l'une des prières les plus directes et sincères que peuvent reprendre tous ceux et celles qui ont soif de s'impliquer davantage dans l'œuvre de Dieu.

A chaque poste que j'ai occupé dans la vie active, j'ai toujours fini par me demander : « *Mais qu'est-ce que je fais ici !* », mon cœur m'indiquant, avec insistance, que ma place était ailleurs.

Si vous en êtes arrivé à vous demander : « *Mais que dois-je faire dans ma vie, où est ma véritable place, qu'attend la vie de moi* ? ... », ou si vous vous ennuyez sérieusement, et si vous êtes enfin prêt, alors, comme Moïse, dites sincèrement à Dieu la prière suivante :

Prière :

Éternel ! Mon Dieu !

Je te rends grâce et te remercie pour ta volonté, qui m'anime.

C'est là une immense faveur pour moi. A toi louange et gloire ! Amen !

Et maintenant, puisque j'ai ta faveur, oui, à présent que je prends conscience que c'est un privilège d'œuvrer par toi et toi par moi, étant profondément motivé par le désir de prendre activement part à ton œuvre, *fais-moi connaître ce que tu veux. Ainsi je te connaîtrai vraiment et je bénéficierai pleinement de ta faveur. N'oublie pas* [9]____

Merci. Merci. Merci de tout mon cœur, de tout mon être, de toute mon âme. A toi davantage respect, amour, fidélité, louange et gloire de génération en génération à travers les âges. Amen !

Puisque c'est vraiment une merveilleuse faveur, le fait de faire quelque chose d'autre au-delà de nos seuls besoins et responsabilités personnels. Alors, si vous êtes prêt, adressez votre demande directe et sincère à Dieu Notre Père.

9: Précisez ce qui vous tient à cœur concernant l'action que vous voulez réaliser, ou ce que vous redoutez qui puisse nuire à votre accomplissement.

Pour le reste, retenez qu'être prêt n'empêche pas d'éprouver le sentiment de peur, de se poser de multiples questions. Car tout cela peut être animé par l'esprit de contradiction qui cherche à vous empêcher d'agir. Être prêt c'est avoir réellement envie d'agir, c'est ressentir un besoin de faire quelque chose, parfois sans savoir quoi, ni par où commencer. Dieu, Lui, le sait. En Lui adressant sincèrement votre demande, vous aurez une sincère réponse.

Alors, humblement, demandez à Dieu Notre Père ce que vous, aussi, à votre niveau, vous pouvez faire par Lui, et Lui par vous. Humblement, priez-le de vous donner les moyens et le pouvoir de le faire harmonieusement, afin que votre acte soit un doux témoignage de sa Bonté.

Si vous ne recevez rien de particulier à réaliser, alors, continuez de faire au mieux ce que vous avez à faire, au moment où vous avez à le faire et comme vous devez le faire. En effet, la création divine n'est pas tenue que par des personnes consacrées, religieux et religieuses, mais par chacun et chacune de nous, à son niveau, depuis son poste, depuis son rôle.

« Et maintenant, puisque j'ai ta faveur, fais-moi connaître ce que tu veux. »

Encore et toujours, nous demandons à Dieu de nous donner ceci, de nous accorder cela. C'est normal, car nous avons des besoins. Seulement, en nous limitant à assouvir nos besoins, nous n'arrivons pas à aller au-delà de nos besoins.

Alors si vous en avez marre de vous suspendre à vos besoins, et ce d'autant plus que le monde en crée par milliers à chaque battement de cœur, si vous avez envie d'être enfin libre et disposer de votre vie, demandez à Dieu ce qu'Il veut que vous fassiez pour Lui, à votre niveau.

S'Il vous accorde le privilège de faire quelque chose pour Lui, faites-le prioritairement, notamment quand vous n'avez aucune carence en ce qui concerne vos besoins essentiels.

S'Il ne vous indique pas ce que vous pouvez faire pour Lui, insistez, afin qu'il ne vous soit pas reproché de n'avoir pensé qu'à vous-même. Mais sachez qu'il y a toujours quelque chose à faire. Ayez en vous le plaisir de faire le Bien, pour le plaisir de voir le Bien se répandre davantage dans le monde. Alors, Dieu vous confiera une mission à la hauteur de vos talents. Par la suite, il se pourrait qu'Il les décuple pour porter votre mission à un autre niveau.

> « *33.14 Le SEIGNEUR répond à Moïse : « Je viendrai moi-même vous conduire. Tu n'as pas à t'inquiéter.* »

Que peut répondre Dieu face à quelqu'un d'intègre animé par le seul désir de rendre service, de bien accomplir sa divine mission ?

Exode 33.14 nous laisse comprendre que Dieu ne reste pas indifférent envers les gens justes, intègres, honnêtes. Les gens qui sont animés par le désir de servir pour faire honnêtement le bien autour d'eux.

Car c'est la vérité, Moïse ne demande rien d'autre à Dieu que sa Présence à leurs côtés, comme Il l'avait promis, afin qu'il puisse accomplir la mission que Dieu lui avait confiée. Alors, Dieu ne peut que lui répondre positivement.

Le SEIGNEUR vous répondra positivement, vous qui êtes animé par le désir de servir honnêtement pour faire le bien autour de vous, pour alimenter l'Énergie du Bien autour de vous afin d'entretenir la confiance en Dieu, le goût pour un monde saint et agréable à tous et toutes.

> *« 33.15 Moïse continue : « Si tu ne viens pas toi-même avec nous, ne nous commande pas de quitter ce lieu. »*

Exode 33.15 soulève la question suivante :

Pourquoi Moïse insiste-t-il encore alors que Dieu lui a répondu positivement ? Pourquoi lui fait-il du chantage alors que Dieu vient de lui dire :*« Je viendrai moi-même vous conduire. Tu n'as pas à t'inquiéter. »* ?

La réponse immédiate est que par cette scène, Exode 33.15 attire particulièrement notre attention sur la nature de la demande faite par Moïse à Dieu, avec insistance. Moïse ne demande rien d'autre à Dieu que sa Présence à leurs côtés. Il pourrait lui demander des richesses de toute nature, le pouvoir... Mais Moïse ne demande rien de tout cela. Il demande le plus important, avec insistance : la Présence de Dieu à leurs côtés. Parce que quand Dieu est avec nous, nous ne manquons de rien, et nous ne risquons rien.

Pour le reste, Moïse insiste parce que nous, les humains, nous sommes insistants, notamment après avoir déçu quelqu'un, la peur de perdre sa confiance, son enthousiasme, nous rend méfiants et nous pousse à insister pour le convaincre. Alors, pour s'assurer d'avoir convaincu Dieu, Moïse va au bout de sa plaidoirie.

Un autre message livré par l'insistante demande de Moïse d'avoir Dieu à ses côtés et aux côtés des Israélites, est de nous motiver à solliciter prioritairement la Présence de Dieu dans nos cœurs, pour les libérer, ainsi qu'à nos côtés dans notre monde, pour notre sécurité, afin que nous puissions jouir d'une paix digne d'enfants de Dieu et d'un monde habité par Dieu.

« *Si tu ne viens pas toi-même avec nous, ne nous commande pas de quitter ce lieu.* »

Sur un plan personnel, Exode 33.15 évoque le moment où vous pouvez dire à Dieu Notre Père : « *SEIGNEUR, si tu ne m'aides pas, n'attends pas de moi d'aller de l'avant, n'espère pas me voir devenir l'être qui te fait honneur. Parce que sans ton aide, dans ce monde, je ne puis aller de l'avant, je ne puis te faire honneur sans ton aide.* »

Parce qu'après avoir fait votre possible, vous avez le droit de demander à Dieu son coup de pouce, sans lequel vous ne pouvez-vous en sortir. Faites donc de votre mieux d'abord. Pour le reste, priez humblement Dieu de vous accorder son aide.

« 33.16En effet, si tu ne nous accompagnes pas, comment savoir que tu es bon pour moi et pour ton peuple ? Oui, ce qui nous rend différents de tous les peuples de la terre, c'est que tu marches avec nous, avec ton peuple et avec moi. »

33.17Le SEIGNEUR répond à Moïse : « Ce que tu viens de dire, je le ferai. Oui, je vais te montrer ma bonté et je te connais par ton nom. »

Exode 33.16 soulève la question suivante :

Pourquoi Moïse insiste-t-il autant, ouvertement, sans mâcher ses mots, lui qui se dit timide et qui, au départ, avait peur d'aller parler au Pharaon et aux Hébreux ?

L'une des réponses immédiates est : par cette insistante demande de Moïse dans les termes, on ne peut plus clair, Exode 33.16 évoque la prière claire, qui vient du fond du cœur.

Même si vous sentez que Dieu vous a entendu et que vous avez la nette impression que vous allez être exaucé, vous finissez tout de même votre prière, ne serait-ce que pour conclure.

Mais ce n'est pas tout, l'attitude insistante de Moïse nous montre qu'il a plus peur des hommes que de Dieu. En effet, nous avons plus peurs des autres, de nos patrons, voire de nos parents...

Moïse se comporte envers Dieu comme un bon fils se

comporte avec son père doux et bienveillant. Certes, sans un instant manquer du respect à Dieu, Moïse n'hésite pas de livrer clairement à Dieu le fond de sa pensée.

Exode 33.16 nous invite à livrer le fond de notre pensée à Dieu, à Lui présenter notre peur.

En effet, depuis que les Israélites ont trahi Dieu en enfreignant le tout premier Commandement, Moïse a peur que, par déception, Dieu ne les accompagne pas, comme Il l'avait promis.

La peur de Moïse est justifiée par le fait que pour la première et unique fois, il a enfreint la Loi, le 5ème commandement de l'Alliance, en ordonnant un massacre au nom de Dieu de surcroit.

Il est conscient qu'ils n'ont donc pas respecté leur parole donnée à Dieu, ils ont, en quelque sorte, changé d'avis. Voilà pourquoi Moïse a peur. Alors il insiste encore et encore pour que Dieu ne change pas d'avis et les accompagne, Lui-même. Et Dieu lui répond positivement. Il exauce sa demande.

Exode 33.16 à 33.17 nous apprend à prier Dieu honnêtement, tout en restant respectueux et respectueuses envers Lui. Il y a un temps pour les louanges, mais il y a également un temps où nous avons à prier ouvertement, clairement, afin que la réponse de Dieu soit précise, distincte. N'hésitez donc pas, à certains moments, de prier Dieu comme un enfant respectueux demande une faveur à son père ou à sa mère.

« Si tu ne viens pas toi-même avec nous, ne nous commande pas de quitter ce lieu. En effet, si tu ne nous accompagnes pas, comment savoir que tu es bon pour moi et pour ton peuple ? Oui, ce qui nous rend différents de tous les peuples de la terre, c'est que tu marches avec nous, avec ton peuple et avec moi. »

Sur un plan personnel, Exode 33.15 à 33.16 est une puissante prière que Moïse adresse à Dieu.

Alors, si vous œuvrez fidèlement pour alimenter la confiance en Dieu, pour alimenter l'Énergie du Bien en vous et autour de vous, quand vous n'en pouvez plus ou si vous vous sentez dépassé, n'hésitez pas de lire Exode 33.12 à 33.17.

Ensuite, en vous inspirant des arguments de Moïse contenus dans Exode 33.16, prier humblement Dieu de vous aider. Il vous répondra pour marquer la différence entre ceux et celles qui œuvrent fidèlement pour Dieu et par Dieu, c'est ce que nous laisse notamment comprendre Exode 33.17.

Il vous répondra parce que vous avez accepté d'œuvrer fidèlement pour Lui, alors que vous pourriez, comme des milliards de gens, ne penser qu'à vous. Il vous récompensera en œuvrant par vous, pour manifester, à travers vos actions, la Bonté de Dieu là où vous êtes et même au-delà.

Oui ! Ce qui nous rend différents, nous les chrétiens et les chrétiennes, c'est le fait que Dieu Notre Père, le Seigneur

Jésus Christ, la Sainte Vierge Marie, les Saints et les Saintes, les Anges et les Archanges répondent favorablement à nos prières.

Reprenons le fil.

> « *33.18 Alors, Moïse dit au* SEIGNEUR *: « Je t'en prie, fais-moi voir ta gloire.* »

Exode 33.18 évoque d'emblée le besoin, de ceux et celles qui œuvrent fidèlement pour Dieu et par Dieu, de voir la manifestation de la gloire de Dieu. Mais, en quoi consiste la gloire de Dieu dans notre monde ?

La réponse à cette question nous est donnée, en partie, dans Exode 33.19 à 33.23.

Pour le reste, il est normal de désirer voir le produit de votre travail. La vérité est que Moïse participe activement à l'avènement de la gloire de Dieu. Alors, il trouve légitime de demander à Dieu de lui montrer sa gloire ! Et Dieu trouve légitime d'accepter de lui monter sa gloire, mais avec une grande précaution.

Cependant, l'attitude de Moïse, dans Exode 33.12 à 33.18 attire notre attention. En effet, pourquoi il insiste et supplie encore et autant ?

La réponse directe est : Moïse insiste et supplie, comme jamais auparavant, parce que lui aussi a commis une grave faute (Exode 32.25 à 32.29), en ordonnant, au nom de Dieu, un massacre au cours duquel environ 3.000 Israélites ont été tués. Soit la moitié d'entre eux puisqu'ils étaient environ 6.000 hommes (sans compter les femmes, les enfants, les vieillards) quand ils sont sortis de l'Égypte. Cette grave faute a fragilisé Moïse. Depuis et jusqu'à sa fin, il ne sera plus le même. Alors comme tout pécheur repenti, il prie Dieu en insistant et en suppliant.

Ce passage d'Exode nous laisse comprendre que pécher nous fragilise, nous enlève notre assurance. Et c'est la prière de supplication, avec insistance, et les bons actes qui nous aident à nous relever.

Quelles que soient vos erreurs et vos offenses, n'hésitez pas de supplier Dieu Notre Père, pour vous aider à vous relever. En effet, Il sait que nous sommes fragiles. Il ne gagne rien à nous laisser sombrer pour toujours. Voilà pourquoi Il nous donne encore et encore la chance de nous racheter par des actes qui magnifient son nom, nous transforment et neutralisent le poids de nos transgressions.

« Je t'en prie, fais-moi voir ta gloire. » Voilà une demande qui, si elle est exaucée, change complètement la vie de son auteur, mais aussi celle de beaucoup d'autres, si ce n'est le cours de l'histoire également.

Franchement, lorsque vous priez quelqu'un pour lui demander une faveur, réfléchissez très bien avant. Quand vous priez Dieu, pour obtenir une faveur, examinez d'abord s'il n'y a pas une autre faveur pouvant vous convenir sans occasionner des bouleversements nuisibles. Car si, comme Moïse, vous arrivez à convaincre, vous pourriez obtenir une faveur pouvant tout changer, à un niveau moins avantageux, tel que vous ne pouvez l'imaginer à cet instant.

Moïse aurait dû, plutôt, convaincre Dieu de fertiliser tout le désert pour le peuple d'Israël. Il aurait changé le cours de l'Histoire dans un sens plus constructif et plus paisible. Les guerres qui existent jusqu'à nos jours dans ce coin de la planète seraient évitées, ou alors n'auraient pas la même origine. Quant à ce désert, il serait un endroit florissant grâce à lui. Mais Moïse n'a point pensé à tout cela.

Dieu nous exauce, parfois trop. Alors, prenons grand soin de ce que nous Lui demandons. Alors, vous qui aimez le bien, réfléchissez avec une vision globale. Ensuite, demandez prioritairement à Dieu de vous faire voir le bien et de vous faire intervenir en bien au-delà de votre sphère.

Parce que là où est la gloire de Dieu par vous, peut être le bien pour vous et pour votre monde, à travers plusieurs générations. Développez davantage tant l'envie de faire le bien que l'envie de voir Dieu vous aider à faire le bien au-delà de votre personne.

Parce que, par nature, Dieu est le Bien. Alors, n'hésitez pas de Lui demander de vous aider dans votre œuvre, afin qu'à travers vous, son nom réjouisse les cœurs grâce à vos bons accomplissements. Vous pourrez ainsi accéder à un rôle au-delà de la seule satisfaction de vos besoins personnels, et mener une qualité de vie qui pourra vous donner une liberté inestimable, matérialisée par un réel bien-être qui anime les gens qui sèment le bien.

Reprenons le fil.

> *« 33.19Le SEIGNEUR répond : « Je vais passer devant toi. Je te montrerai toute ma bonté et je te dirai mon vrai nom, "Le SEIGNEUR." Je serai bon avec qui je veux être bon et j'aurai pitié de qui je veux avoir pitié.*
>
> *33.20Mais voir mon visage, c'est impossible, car aucun être humain ne peut me voir de face et rester en vie.*
>
> *33.21Le SEIGNEUR dit encore : Il y a ici, tout près de moi, un emplacement, un rocher, où tu te tiendras.*
>
> *33.22Alors, quand ma gloire passera, je te cacherai dans le creux du rocher en te couvrant de ma main pendant que je passerai.*
>
> *33.23Ensuite, j'enlèverai ma main, et tu me verras de dos. Mais mon visage, on ne peut pas le voir. »*

Exode 33.19 à 33.23 attire d'emblée notre attention sur notre curiosité et, surtout, sur notre besoin de recevoir une récompense méritée qui, parfois, peut nous causer plus de problèmes que de jouissances.

En effet, parce que Moïse œuvre activement pour l'avènement de la gloire de Dieu, il veut voir la gloire de Dieu sans chercher à savoir si voir *cette gloire* de Dieu est bon pour lui, pour les êtres de son espèce.

Exode 33.19 à 33.23 nous laisse comprendre que parfois nous demandons des choses qui nous dépassent, les choses que, pour notre sécurité, nous ne sommes pas destinés à voir ou à en disposer. Mais, il arrive que du fait de notre insistance, nous soyons exaucés. Alors notre vie change avec une situation qui nous réjouit tout en nous privant de l'essentiel.

Ce passage d'Exode nous invite à comprendre que toutes les récompenses à la hauteur de notre travail, ne sont pas forcément bons pour nous, alors que notre rôle, notre travail peut être indispensable pour nous et pour notre monde.

Ne soyez donc pas étonné de voir que certaines œuvres ne rapportent quasiment rien à leurs auteurs de leur vivant et deviennent, par la suite, des chefs d'œuvres magistralement incontournables dans l'Histoire. Ne soyez surtout pas déçu si vous êtes dans ce cas.

En revanche, sans vous prendre la tête, profitez de ce que la vie vous offre même si vous méritez davantage. Car il se pourrait que ce soit là une "digne consolation" pour une vie équilibrée, vous permettant de rester libre, sans trop d'ingérence donc avec moins de risque de vous transformer à vos dépens.

N'hésitez donc pas, par manque de reconnaissance immédiate, d'accomplir un travail qui anime votre cœur.

Alors vous pourrez œuvrer sans gloire, tout en alimentant votre gloire pour la suite et celle de Dieu par la même occasion. C'est surtout ce qui compte, et qui peut vous faire entrer dans l'Histoire... Tout cela dépend, bien entendu de la réalisation qui anime votre esprit, et du niveau de votre engagement.

Poursuivons.

> *« Je vais passer devant toi... »*

Cet extrait d'Exode 33.19 nous laisse comprendre que Dieu passe devant nous, comme une bienveillante mère ou un bon père passe devant ses enfants, pour sécuriser leur passage. Et, en passant devant, il est uniquement visible de dos pour ses enfants.

L'expression *« Je vais passer devant toi »* évoque aussi la place de nos parents. Ils nous précèdent dans ce monde, et assurent notre protection parfois depuis le ventre maternel.

Pour la suite, Exode 33.19 soulève la question suivante :

Que veut dire Dieu par sa déclaration : *« Je te montrerai toute ma bonté et je te dirai mon vrai nom, "Le SEIGNEUR." »* ?

La réponse immédiate est : quand vous offrez un cadeau à quelqu'un, à moins d'une plaisanterie, vous lui précisez votre nom. Dieu déclare à Moïse qu'Il lui montrera toute sa bonté et qu'Il lui dira son nom. Ainsi, au moment de la lui accorder, c'est normal que Dieu lui dise son vrai nom, afin que Moïse sache de qui lui vient cette bonté.

Ce passage d'Exode nous invite à demander à Dieu, lorsqu'Il nous fait un signe, de nous animer de la sagesse de comprendre que c'est de Lui et non pas le fruit du hasard. Parce que, comme Moïse, à certains moments, nous avons besoin de signes dignes de Lui, sans équivoques. Et c'est une grâce immense que Dieu fait à Moïse en lui disant son nom.

Le monde est rempli de toutes les possibilités. Alors oui, vous avez besoin et c'est votre droit, de prier humblement Dieu de vous faire un signe vous laissant comprendre qu'Il est à vos côtés.

Toutefois, retenez que vous n'avez pas réellement besoin de signes pour comprendre que Dieu est avec vous. Pourquoi ? Parce que les adversaires de Dieu peuvent se servir des signes étonnants pour vous éloigner de Dieu, tout en vous faisant croire que vous vous rapprochez de Lui.

Écoutez donc votre *cœur*, agissez en âme et conscience et vivez votre vie. Pour le reste, faites confiance à Dieu Notre Père. Il ne vous abandonne pas. Il ne peut vous abandonner quand vous restez près de Lui par des actes de respect de ses Instructions et la bienveillance.

N'entendez surtout pas, par bienveillance, un laxisme pouvant devenir problématique. Entendez par bienveillance, le fait d'agir bien là où cela vous est possible, sans vous offrir en martyr, ni trahir votre foi. C'est le meilleur moyen de rester fidèle à Dieu tout en poursuivant votre chemin. En effet, Lui, le Maître de la multitude, le Père des nations, n'attend pas vous voir disparaître à cause du laxisme.

« Je serai bon avec qui je veux être bon et j'aurai pitié de qui je veux avoir pitié. »

C'est clair ! Même Dieu ne manifeste pas le même degré d'amour envers tout le monde. Il ne manifeste pas la même qualité d'affinités envers tout le monde. Autrement ce serait n'importe quoi, ce serait une histoire sans aucun sens.

En fait, aimer tout le monde au même degré, donner la même récompense à tout le monde, c'est entretenir de d'indifférence. Et l'indifférence démotive, alimente l'injustice et l'exclusion.

Effectivement, si tout le monde est logé au même enseigne, donc récompensé au même niveau, à quoi bon peiner à la tâche ! Celles et ceux qui aiment véritablement travailler, pour qui le travail est un excellent passe-temps, travailleraient.

En revanche, les gens qui n'aiment pas travailler, trouveraient là le moyen pour rester inactifs tout en profitant tranquillement des efforts des autres. A un moment donné, beaucoup de personnes qui aiment travailler, finiraient par ne plus se contenter du seul plaisir qu'elles éprouvent à travailler.

Sur le plan personnel, cet extrait d'Exode 33.19 nous laisse comprendre que rien ne sert d'avoir le même degré d'amour envers tout le monde. Les bébés et les tous petits, qui sont des êtres à l'esprit encore pur, nous le démontrent.

Non, on n'a pas à avoir la même qualité d'affinités envers tout le monde. Autrement, ce serait faire semblant. Autrement, on risque de ne plus savoir qui on est, ni de quel côté se placer. Or, Sans savoir qui on est, comment savoir qui on est appelé à devenir ? Sans savoir de quel côté se placer, comment savoir vers quel côté se diriger ?

Sans doute, une compréhension insuffisante de la déclaration : « *Je serai bon avec qui je veux être bon et j'aurai pitié de qui je veux avoir pitié.* » peut motiver un sentiment d'égoïsme malveillant[10] et pousser à rejeter l'autre.

Toutefois, par cette déclaration explicite, Dieu Notre Père nous invite seulement à savoir nous positionner, non pas pour cultiver de la malveillance envers les uns ou envers les autres, ni pour rejeter l'autre, non ! Parce qu'un tel état d'esprit est fatal à un moment donné.

En revanche, ce passage nous motive à nous positionner pour trouver notre place dans le monde et valoriser notre rôle dans l'aventure de la vie générale.

Incontestablement, ce passage d'Exode 33.19 nous affirme, en quelque sorte, qu'il est normal de point aimer tout le monde au même degré, de ne point avoir la même qualité

10Un égoïsme malveillant pousse à exclure l'autre avec animosité. Un égoïsme bienveillant pousse à se préserver, tout en aidant l'autre, avec précaution s'il le faut.

d'affinités avec tout le monde.

Aussi la question, qui se pose dans notre conscience, est la suivante :

Quelle attitude devons-nous adopter face à une personne, ou une attitude, que notre conscience rejette avec force, ou que notre cœur et les signes attirent discrètement notre attention ?

La réponse immédiate est de passer notre chemin sans manifester de l'hostilité, ni du mépris, afin d'éviter de corrompre notre esprit. Ceci nous amène à éviter de nous comporter comme nous ne voudrions pas qu'on se comporte avec nous.

En fait, si votre cœur vous met en garde contre quelqu'un ou que d'autres personnes ou des signes vous mettent en garde, vous n'avez pas à foncer comme si de rien n'était.

En revanche, vous avez à prendre vos précautions sans animosité et sans mépris. Si cette personne est éveillée, elle comprendra votre attitude manifestée par le besoin naturel de vous préserver.

Quoi qu'il en soit, vous constaterez que d'autres personnes n'hésitent pas de vous culpabiliser à tort, pour vous pousser à les laisser faire comme elles veulent : c'est de la manipulation sur laquelle il convient néanmoins de méditer attentivement avant de vous décider.

Poursuivons.

« [33.20]*Mais voir mon visage, c'est impossible, car aucun être humain ne peut me voir de face et rester en vie.* »

Pour la compréhension d'Exode 33.20, il est rapporté dans Exode 24.9 à 24.11 que : « [24.9]*Après cela, Moïse monte sur la montagne avec Aaron, Nadab, Abihou et les soixante-dix anciens d'Israël.* [24.10] *Ils voient le Dieu d'Israël. Sous ses pieds, on dirait un sol de pierres précieuses bleues, aussi pures que le ciel.* [24.11] *Dieu ne fait aucun mal à ces notables d'Israël. Ils peuvent le contempler, puis ils mangent et ils boivent.* » Il est également précisé dans Exode 33.11 que : « *Le SEIGNEUR parle avec Moïse face à face, comme un homme parle avec un autre homme...* »

La question, qu'Exode 33.20 peut soulever, est la suivante :

Pourquoi Dieu, qui a laissé Aaron, Nadab, Abihou et les soixante-dix anciens d'Israël le contempler, et qui a discuté face à face avec Moïse, déclare à ce dernier que : « *Mais voir mon visage, c'est impossible, car aucun être humain ne peut me voir de face et rester en vie.* » ?

La réponse directe est : nul être humain ne peut voir Dieu sans l'accord de Dieu. Autrement, il perd sa vie. Pourquoi ? Parce Dieu décide sous quelle apparence et sous quel angle Il veut se montrer, à qui et quand Il veut se montrer. Ceci pour les questions de sécurité ainsi que du respect qui Lui est dû.

Voilà pourquoi, l'ayant voulu et après avoir pris ses

précautions, Il a laissé Aaron, Nadab, Abihou et les soixante-dix anciens d'Israël le regarder sous l'apparence et sous l'angle qu'Il avait préalablement choisis. Ainsi, ils n'ont pas eu à perdre leur vie, parce que c'est Dieu qui avait décidé de quand et comment se montrer au groupe désigné.

Pour le principal, afin de voir Dieu et rester en vie, il faut certainement être dans des dispositions de compatibilité avec Dieu, c'est ce que nous laissent comprendre les mots clés « *Après cela...* ».

En effet, ainsi qu'il est précisé, c'est « *Après cela...* » qu'*ils voient le Dieu d'Israël* et Il ne leur fait aucun mal, parce qu'ils ont obtenu son autorisation et ont fait tout ce qui leur avait été demandé de faire pour assister à cette rencontre.

Pour le reste, comme Moïse, nous manifestons l'ardente curiosité de voir Dieu (à l'œuvre), cherchant sans relâche les raisons pour lesquelles Il demeure mystérieux en nous cachant son visage.

Son mystère est si bien gardé qu'il suscite en nombreux d'entre nous de l'incrédulité quant à son existence, et ce malgré toutes ses irréfutables innombrables manifestations et témoignages.

Mon grand-frère m'a dit un jour : « *ton mari est très mystérieux.* » Je rapportai cette remarque à mon époux, qui me répondit : « *mon mystère pour lui, c'est son respect pour moi.* »

Nous avons tendance à banaliser ce que nous connaissons, ce que nous disposons, ceux et celles qui se dévoilent à nous deviennent, pour nous, comme déshabillés. Rien d'étonnant que Dieu Notre Père demeure mystérieux envers nous.

Mais est-ce que le plus important est de voir Dieu, savoir comment Il est ? Certainement pas. A ce stade, le plus important, pour nous, est ce que nous pouvons concrétiser par Dieu et Dieu par nous.

Poursuivons.

> « 33.21 *Le SEIGNEUR dit encore : Il y a ici, tout près de moi, un emplacement, un rocher, où tu te tiendras.*
>
> 33.22 *Alors, quand ma gloire passera, je te cacherai dans le creux du rocher en te couvrant de ma main pendant que je passerai.* »

Exode 33.20 à 33.22 nous laisse également comprendre que ce n'est pas parce qu'on fait la volonté de Dieu, qu'on peut le voir sans que Dieu l'ait d'abord décidé, sans qu'Il ait d'abord pris ses précautions tant pour les questions de sécurité que de dignité et de respect liées au contact avec un Être de sa dimension.

Ces passages d'Exode peuvent nous laisser comprendre que chaque fois que Moïse était en contact avec Dieu, ce n'était point un contact direct. Il a donc pu s'entretenir avec Lui comme un aveugle peut s'entretenir avec un non-aveugle.

C'est d'ailleurs ce qui arrive à la majorité d'entre nous, à un degré plus discret : tandis que Dieu nous voit tels que nous sommes..., nous, nous l'entendons, nous ressentons sa présence, nous voyons ses signes, sans le voir véritablement et sans être persuadés qu'il s'agit de Lui. Exode 33.20 nous en livre la raison : c'est pour notre sécurité.

> « [33.22]*Alors, quand ma gloire passera, je te cacherai dans le creux du rocher en te couvrant de ma main pendant que je passerai.* [33.23]*Ensuite, j'enlèverai ma main, et tu me verras de dos. Mais mon visage, on ne peut pas le voir.* »

Pour le reste, comme beaucoup d'entre nous, Moïse souhaite voir la gloire de Dieu et il n'hésite pas, profitant de son rôle auprès de Dieu, de Lui en faire la demande, sans mesurer en quoi consiste la gloire de Dieu dans les circonstances qui sont les leurs dans ces temps-là.

Alors, Dieu lui fait comprendre que sa gloire est une manifestation à laquelle il ne peut ouvertement prendre part sans risquer sa vie.

Exode 33.22 à 33.23 nous laisse comprendre que la gloire de Dieu, dans certaines circonstances, est quelque chose de terrible pour les humains. Et quiconque la regarde en face ou s'en approche, y laisse sa vie.

C'est ce qui est arrivé à la femme de Loth. En effet, elle n'avait pas résisté à regarder derrière au moment où la gloire de Dieu passait sur Sodome. Elle fut instantanément transformée en statue de pierre.

Sur le plan matériel, le mot gloire évoque l'existence d'une situation qu'on ne peut dominer qu'en s'y consacrant sans compter. Et quand on ne compte pas, les conséquences ne peuvent manquer.

La gloire de Dieu n'est pas une manifestation à solliciter dans tous les cas. Car sa présence signifie que rien ne va et que Dieu est *contraint* de venir rétablir l'équilibre. Et rétablir l'équilibre, dans ces conditions-là, peut occasionner des conséquences que nous ne désirons pas, Dieu encore moins.

C'est exactement comme un remède dont la prise empoisonne les malades, allant jusqu'à être fatale pour la majorité d'entre eux.

Voilà pourquoi Dieu prend toute ses précautions pour éviter de faire voir sa gloire à Moïse. Et voilà, pourquoi, Il évite d'intervenir dans notre monde avec puissance alors que nous le Lui réclamons.

> « 33.23 *... et tu me verras de dos. Mais mon visage, on ne peut pas le voir.* »

La position de dos est aussi celle du gardien d'une propriété. Cette position peut être l'une des raisons pour lesquelles nous n'avons pas à voir Dieu de face, parce qu'Il veille sur nous.

Messages d'Exode 33.12 à 33.23, notamment pour vous qui souhaitez-vous en sortir, et aussi à vous qui souhaitez accéder à un meilleur niveau de conscience de savoir être et de savoir-faire : n'hésitez pas d'être davantage honnête envers vous-même, envers vos convictions, non pas celles qui vous éloignent du Saint Chemin, mais celles qui vous en approchent afin d'accéder à une autre étape de votre vie.

N'hésitez pas d'améliorer votre façon de prier, de méditer, de demander, pour favoriser la réception de ce que vous demandez. Pensez à améliorer votre façon de vous exprimer, pour toucher le cœur en évitant d'enflammer l'ego.

En tombant sur Exode 33.12 à 33.23, vous avez à méditer sur ce que vous pouvez faire dans la cause de Dieu au cours des prochains jours, des prochains mois, des prochaines années. Il se pourrait que vous fassiez une rencontre déterminante, ou des visions et rêves prémonitoires, des sensations indescriptibles, un message déterminant.

D'ores et déjà, n'hésitez pas de prier humblement Dieu Notre Père pour vous éclairer et vous aider.

Manifeste pour soutien et encouragement merveilleux

« 01 AIMEZ LA JUSTICE, vous qui gouvernez la terre, [mais aussi vous qui cherchez Dieu et comptez sur sa précieuse aide]. Ayez sur Dieu le SEIGNEUR des pensées droites, cherchez-le avec un cœur simple,

02 car il se laisse trouver par ceux [et celles] qui ne le mettent pas à l'épreuve, il se manifeste à ceux [et à celles] qui ne refusent pas de croire en lui.

03 Les pensées tortueuses éloignent de Dieu, et sa puissance confond les insensés qui la provoquent. 04 Car la Sagesse ne peut entrer dans une âme qui veut le mal, ni habiter dans un corps asservi au péché. ». Amen.

(Extrait du Livre de la Sagesse 1.1 à 1.4, traduction AELF)

Vous qui cherchez Dieu Notre Père, vous qui comptez sur son aide, il est essentiel de faire de votre mieux pour éviter ce qu'Il désapprouve.

En effet, depuis que j'ai pris la bonne résolution de préférer la sainteté, en évitant, du mieux que je le peux, de décevoir Dieu Notre Père, ma vie a pris une tournure formidable.

Voilà pourquoi, je suis en mesure d'affirmer et de confirmer qu'en évitant de pécher, en faisant de votre mieux à travers vos bons actes et actions de grâce, en priant avec persévérance, foi et constance au quotidien, votre vie ne sera pas banale. Et les problèmes que vous rencontrerez ou occasionnerez malgré votre bonne volonté, seront solutionnés au bon moment, avec une douceur laissant croire que c'est trop facile. Car tout ce qui nous dépasse, est vraiment trop facile pour Dieu Notre Saint Père Bienveillant : c'est ce que j'ai constaté. Alléluia ! Amen !

TABLE DES MATIÈRES

Comment prier à l'aide de cet ouvrage ? **7**

Prière d'Invocation à Dieu Tout-Puissant, quand on est dépassé 9

1ère NEUVAINE **13**

1er et 2ème jours de votre 1ère neuvaine : Prier pour une cause juste favorise le dégagement de votre chemin 14

Lamentation à Dieu Tout-Puissant pour les grâces dont on a besoin 14

3ème et 4ème jours de votre 1ère neuvaine : Prier pour la manifestation du bien favorise la bonne solution. 17

Supplication au Seigneur Jésus Christ, pour solution des situations désespérantes 17

5ème et 6ème jours de votre 1ère neuvaine : Prier pour la manifestation du bien peut vous libérer et/ou vous préserver de la malveillance 21

Manifeste pour renvoi des mauvais coups à son auteur et s'en préserver en douceur 21

Supplication en Action de grâce à Dieu Tout-Puissant pour sortir des tourments 24

7ème et 8ème jours de votre 1ère neuvaine : Alimenter la grâce de vous accomplir favorise votre réussite 27

Lamentation à Dieu le Tout-Puissant Grand-Patron pour encourager et fertiliser la nécessaire réussite 27

2ème NEUVAINE **31**

1er et 2ème jours de votre 2ème neuvaine : Prier pour une cause juste favorise le dégagement de votre chemin 32

Prière en Action de grâce à Dieu Tout-Puissant pour décupler les signes encourageants en priant pour les causes justes 32

3ème et 4ème jours de votre 2ème neuvaine : Prier pour la manifestation du bien favorise la résolution de votre problème. 34

Imploration en Action de grâce à Dieu Tout-Puissant pour la manifestation du bien et la solution des situations désespérantes .34

5ème et 6ème jours de votre 2ème neuvaine : Prier pour la manifestation du bien favorise votre libération de l'emprise malveillance 37

Supplication en Action de grâce à Dieu Tout-Puissant pour les résultats encourageants....37

7ème et 8ème jours de votre 2ème neuvaine : Attirer la grâce d'un changement réjouissant....41

Lamentation à Dieu Notre Père contre les faits odieux....41

3ème NEUVAINE 44

1er et 2ème jours de votre 3ème neuvaine : Alimenter la grâce de vous accomplir favorise votre succès....46

Supplication à Dieu Notre Père, pour réjouissants résultats....46

3ème et 4ème jours de votre 3ème neuvaine : Prier pour votre protection et celle des vôtres est indispensable....49

Supplication à Jésus Christ le Bien-Aimé Saint Fils du Père, pour réjouissants résultats....49

5ème et 6ème jours de votre 3ème neuvaine : Alimenter la grâce de vous accomplir favorise votre succès....52

Supplication au Saint-Esprit pour réjouissants résultats....52

7ème et 8ème jours de votre 3ème neuvaine : Alimenter la grâce de vous accomplir favorise votre succès....55

Supplication à la Vierge Marie la mère du Christ pour réjouissants résultats....55

4ème NEUVAINE : Renforcez vos prières par les Puissants Piliers de l'Eglise 57

1er au 3ème jours de votre 4ème neuvaine : Avec foi et persévérance priez Saint-Michel Archange....59

Imploration à l'Archange Saint Michel pour neutraliser les forces malveillantes....59

4ème et 5ème jours de votre 4ème neuvaine : Avec foi et persévérance, prier les Saints Apôtres et Sainte Rita....63

Sollicitation aux Apôtres et à Sainte Rita pour dénouements réjouissants....63

6ème au 8ème jours de votre 4ème neuvaine : Avec foi et persévérance, prier le Seigneur Jésus Christ....67

Supplication à Jésus Sauveur-Rédempteur, pour la grâce d'être exaucé....67

Chant d'imploration en temps d'affliction....71

Au 9ème jour de vos 3 neuvaines : Prendre soin de votre relation avec Dieu, c'est Lui donner l'envie d'intervenir en votre faveur 72

Manifeste pour Bon Retournement de Situation par le Pouvoir de Jésus Christ 76

Prière de remerciements pour attirer la grâce d'être exaucé 79

Au 10ème jour de vos neuvaines : Consacrer un peu de temps à manifester votre reconnaissance à Dieu et à ses Merveilleuses Forces pour tous leurs bienfaits, vous fait baigner dans la grâce..82

Supplique de reconnaissance et de sincères remerciements à la Sainte Trinité, et à la Bienheureuse Sainte Vierge Marie 85

Prières de fond pour nos nécessités permanentes 92

Supplique à Dieu Notre Père pour une vie glorieuse 93

Prière de reconnaissance et sollicitation à la Ste Vierge Marie, la Mère de l'espoir..102

Remerciements et demande d'aide à nos Saints Anges-Gardiens 104

Séance en cours de la journée ou le soir : demander de l'aide à nos Puissants Alliés 106

Prier davantage Dieu Notre Père de nous pardonner et nous aider 107

Prière en Action de grâce pour demande d'aide à la Ste Vierge Marie, la Mère des Miracles 112

Émettre les Souhaits Essentiels...114

Prière d'auto mise à disposition pour les bons accomplissements 115

Reconnaissance et appels à l'aide à nos Saints Anges-gardiens.117

Dans tous les cas, rester connecté est la meilleure façon de vous en sortir glorieusement...119

Prière tirée du Psaume 137 Pour reconnaissance et protection...124

EXODE : Chapitres 33, avec décryptage et compréhension.....................126

Exode 33.1 à 33.6 : Dieu commande à Moïse de se mettre en route : Texte littéral...127

Exode 33.1 à 33.6 : Décryptage & Compréhension......................127

Exode 33.7 à 33.11 : Le SEIGNEUR parle avec Moïse dans la tente de la rencontre : Texte littéral[8] 139

Exode 33.7 à 33.11 : Décryptage & Compréhension....................139

Exode 33.12 à 33.23 : Moïse prie Dieu pour le bon accomplissement de sa Mission : Texte littéral[8] 148

Exode 33.12 à 33.23 : Décryptage & Compréhension.................148

NB : Source des images :

- Personnage à genou en prière : Pixabay – Clker–free–Vector–Images, sponsorisées par Istock Ltd Deal.
- Mains levées vers le ciel : La Parole Qui Restaure.

Couverture : © Epictura – marinka

Merci beaucoup aux auteurs et aux diffuseurs. Il s'agit là d'images nous rappelant le respect à Dieu Notre Père notamment pendant la prière. Je souhaite qu'Il vous bénisse et vous comble harmonieusement. Amen.

www.ingramcontent.com/pod-product-compliance
Lightning Source LLC
LaVergne TN
LVHW010658110826
845149LV00014B/3144

9782959302411